KB148846

인생은
블루스처럼

프롤로그

오늘도 여전히 작업하는 노트북 옆에는 아메리카노 한잔이 있다. 무슨 만병통치약도 아닌 아메리카노가 언제부터 나의 피곤함을 나의 나른함을 달래주는 피로회복제 역할을 한다. 그런데 오늘은 유독 아메리카노를 앞에 두고 라떼가 생각난다. 인생은 그러한 것 같다. 에스프레소에 물을 넣으면 아메리카노가 되고 우유를 넣으면 라떼가 되듯 이랬다가 저랬다가, 그렇게 서로에게 섞이며 살아가는 것이 삶인 것 같다.

우리가 이 커피에 기대는 건 이 커피 한 잔이 잠시나마 고달픔을 달래주기 때문이리라. 삶은 계층에 상관없이 누구나 고달프고 아픔의 연속이니 말이다. 그럼에도 불구하고 우리가 꾸역꾸역 살아가고 있는 것은 삶이 늘 아프기만 한 건 아니기 때문이다. 어린왕자에 이런 말이 있다. '사막이 아름다운 것은 그것이 어딘가에 우물을 감추고 있기 때문'이라고. 지금 당장 우리에게 무엇이 보이지 않는다고 해도 우리의 삶 어딘가에 깊은 우물이 있을 것이라 생각한다. 모래천지인 사막 어느 곳에 우물이 있는 것처럼 말이다.

100세 시대라고 한다. 그렇다면 난 딱 반을 살았다. 앞으로 살 날과, 살아온 날이 딱 반반인 셈이고 만약 내가 100세까지 살지 못한다면 앞으로 살 날은 살아온 날보다 훨씬 적다고 할 수 있다. 아무튼 언제부터였는지

4

알 수는 없지만 딱 100의 반인 숫자 50이되면 뭔가 다른 내 인생이 시작될 것 같았다. 아니 그런 일이 없다 해도 '터닝 포인트'라는 거대하고 멋진 이름을 앞세워 지금부터 난 내 사막의 오아시스를 찾아 나설 준비를 하고 있다. 돌아보니 항상 처음인 내 삶이라 역시 실수투성이로 살아왔고 오늘도 역시 처음이라 서툴게 살아가고 있으나 그 서투름에 이젠 노심초사하지 않으리라 마음을 먹어본다.

　오랜 시간 춤을 추었고 춤을 가르쳤고, 앞으로도 춤추듯이 살아야겠다는 생각을 한다. 정답 없는 인생에서 정답을 찾아 아등바등 살기 위해 애쓰지 말고, 즐겁게 강약을 즐기며 그저 블루스를 추는 듯이 말이다. 특히 50부터는 흘러가는 대로 몸을 맡기면서 사는 것이 그동안 열심히 달려 온 나에 대한 내가 주는 최고의 예우라 여기고 있다. 첫 출간을 앞두고 설레임과 두려움 그리고 망설임과 기대감이 하루에 열두 번도 더 내 뇌리를 자극하지만 이 자극 또한 싫지 않다. 그 역시 여전히 숨 쉬고 있는 나의 도전에 대한 화답이니 말이다.

　대단한 이야기를 담지 않았다. 그저 내가 살아온 이야기, 내가 생각하고 있는 이야기를 담았다. 나이 50의 한 아줌마 이야기가 독자분들에게 어떻게 와닿을지 모르겠지만, 50년이라는 긴 시간 동안 삶에 싫증 내지 않고 도전해왔던 나의 두근거림이 당신에게도 가 닿았으면 좋겠다.

2022년 9월,
권순정 드림

프롤로그

Chapter 1. 언제까지나 도전하는 사람이고 싶습니다

Chapter 2. 인생을 블루스처럼 살고 싶습니다

인생은,
블루스처럼

Chapter 1

언제까지나
도전하는 사람이고 싶습니다.

구민회관의 강단부터
대학의 강단까지,

늘 그래왔듯
나는 도전하렵니다.

운명같은
일은 꼭
다시 만난다

저는 리듬체조를 통해 체육대학에 입학했습니다. 체육대학은 특정한 전공이 아니라 전체적인 스포츠에 관한 종목과 이론적인 공부가 주가 되는 곳이었습니다. 대학만 들어가면 뭐든지 열심히 할 수 있을 것 같았는데, 실제 저의 일상은 그렇지 않더군요. 열심히 공부하는 것도 아니고, 학교도 대충 다녔습니다.

어영부영 어느덧 대학교 3학년이 되자 지도교수님은

제게 물으셨습니다. "순정아, 넌 입학 성적은 좋은데 학업 성적은 왜 이렇게 나쁘니? 넌 꿈이 뭐니?" 교수님은 저의 미래를 걱정해 주셨습니다. 그러면서 저의 성향을 보니 학생들을 가르치면 좋은 교사나 교수가 될 수 있을 것 같다고 말씀하셨습니다. 여기에 덧붙여 '댄스스포츠'라는 것이 있는데 제가 졸업할 때쯤이면 이것이 교양과목으로 들어올 것 같으니 한 번 배워보면 어떻겠냐는 제안을 하셨습니다. 교수님은 제가 춤에 아주 연이 없지 않고 리듬체조를 했었으니 잘할 거라 생각하셨었나 봅니다.

제 생각에도 댄스스포츠로 강단에 설 수 있다면 나쁘지 않을 것 같았습니다. 저의 선택이나 졸업 후의 길도 넓어질 것 같다는 생각도 들었습니다. 그래서 저는 나름대로 학원을 찾기 시작했습니다. 그러나 그 시절에는 댄스스포츠가 이렇게 보편적이지 않았고, 이렇게 남녀가 함께 추는 춤을 바라보는 시선도 불편한 느낌이 있었던 때였습니다. 저도 처음 들었을 때에는 사교댄스 같은 느낌이 더 강했으니까요.

처음 찾아간 학원은 간판에 빨강색 글자로 아주 크게 '딴스'라는 두 글자만 쓰여 있던 학원이었습니다. 댄스도 아니고 '딴.쓰'라니... 생각지도 못한 간판에 당황스러움을 감추며 들어간 교실에는 배바지에 백구두를 신은 선생님이 있었습니다. 너무도 강렬한 첫인상에 저는 순간 바로 도망가고 싶다는 생각을 했습니다. 너무 충격적인 장면이라 30년이 지났음에도 뚜렷하고 생생하게 기억날 정도이니 말입니다. 그 선생님은 어린 여학생이 제 발로 문을 열고 들어오니까 굉장히 반가워하면서 저를 맞이했습니다. 그런데 안을 들여다보니 어두컴컴한 조명에 남녀가 춤을 춘다는 게 어색하고 과연 제가 할 수 있을까 싶었습니다. 이제는 정말 도망을 가야겠다고 생각한 저는 일단 꾀를 부렸지요. 친구들이 아래에서 기다리고 있는데 함께 데려오겠다고 선생님께 거짓말 했습니다. 그 말을 끝으로 줄행랑을 치듯 계단을 두 칸씩 뛰어 내려와 집으로 돌아왔습니다. 다시는 댄스스포츠를 배우러 가지 않겠다고 다짐하고, 저에게 권유했던 지도교수님도 한동안 마주치지 않기 위해 피해 다녔습니다.

그럼 어떻게 제가 댄스스포츠를 다시 하게 됐냐고요? 본격적으로 댄스스포츠를 시작하게 된 곳은 교육대학원이었습니다. 나중에 졸업 후에 학생들을 가르치려면 아무래도 축구나 농구 같은 스포츠보다는 더 접근성이 좋은 것이 '춤'이지 않을까 하는 생각이 들었기 때문입니다. 대학원의 학과교수님도 제게 춤을 권유했습니다. 그렇게 저와 춤은 운명적으로 다시 만나게 되었습니다.

춤을 배우면서 저는 점점 더 이 댄스스포츠에 큰 흥미를 가지게 되었습니다. 대학원 특강수업으로 만족할 수 없어서 그 당시에 가장 싼 가격에 가장 체계적으로 댄스스포츠를 배울 수 있는 학원에 등록해 정식으로 배우기 시작했습니다. 춤을 나의 길로 정하자, 대학시절 교수님이 권해주셨을 때 일찍 시작했더라면 어땠을까

하는 아쉬움이 들더군요. 그러나 이렇게 먼길을 돌아 댄스스포츠라는 춤은 이렇게 제 삶에 깊숙이 들어오게 되었고, 나의 인생은 생각지도 않은 방향으로 조금씩 움직이기 시작했습니다. 어떤 운명 같은 일들은 내가 도망가도 계속 나를 쫓아오기 마련입니다.

만 남 의
나 비 효 과

교육대학원을 다니던 중에 저보다 나이가 많은 언니
가 있었습니다. 교사 자격증이 필요해서 제가 다니는 교
육대학원에 들어온 분이었는데 자연스럽게 그 언니와
친하게 지내게 되었습니다. 제가 대학원을 다니던 시기
인 1998년은 우리나라에 여가 활동의 붐이 일어나기
시작하던 때입니다. 각 지자체의 많은 복지관, 문화회관
들이 생겨나면서 여가를 위한 프로그램들도 함께 개발
되기 시작했던 시기였습니다.

언니는 제게 강남에 대치 문화 복지회관에 새로 생긴 강좌 중 포크댄스가 있는데 그 과목을 저에게 강의해보라고 제안하는 겁니다. 나는 고등학교 때 잠깐 무용시간에 배웠던 포크댄스 말고는 아는 게 없다고 하니 언니는 포크댄스를 배워서 강의할 수 있도록 해주는 곳까지 알려주더군요. 언니가 그렇게까지 마음을 써주는데 한번 해보자는 마음으로 포크댄스를 배우기 시작했습니다. 그리고 저는 대치 문화 복지회관에서 바로 강의를 시작하게 되었습니다.

저는 포크댄스를 가르치면서도 댄스스포츠를 지속적으로 배우고 있었습니다. 제가 정말 좋아하고 잘할수 있는 이 댄스스포츠를 가르칠 기회도 언젠가 올 것이라고 생각하면서 말입니다. 복지회관에서 포크댄스를 가르치면서 저는 더 욕심이 생겼습니다. 춤을 티칭 할 때 조금 더 쉽고, 재밌게, 한 번에 알아들을 수 있도록 가르치고 싶은 마음이 생긴 것입니다. 계속해서 어떻게 하면 더 쉽게 가르칠 수 있을까를 연구하기 시작했습니다.

어떤 분야든지 독보적으로 되려면 나만의 것이 필요합니다. 그렇기에 포크댄스를 가르칠 나만의 표현을 몇 가지로 축약해 만들어보려고 했습니다. 저의 언어로 가르치니 사람들이 쉽게 이해하기 시작하고, 순서도 더 잘 외우기 시작했습니다. 저 또한 점점 가르치는 일에 자신감이 생기고 재미가 붙어 나갔습니다.

앞으로 댄스스포츠 수업이 생긴다면 나는 더 잘할 수 있을거야, 하는 생각도 했지요. 사람들은 가볍게 취미 생활을 하러 온 것이지만, 저에게는 결코 이 일이 취미가 아니라 '업'이었으니까요. 동작 하나를 가르치더라도 프로의식을 가져야 한다, 돌아보니 젊은 날 이런 어여쁜 패기를 가졌던 것 같습니다.

그렇게 제가 티칭에 자신감이 생겼을 시점, 노인복지관들이 엄청 생기기 시작했습니다. 저의 수업은 입소문을 타게 되었고 은평구에 있는 노인복지관에서 포크댄스를 가르치게 되었습니다. 그때 제 나이가 20대 후반,

30대 초반이었으니까 지금보다 더 많은 에너지로 굉장히 열정적인 수업을 했습니다. 그러다 보니 제가 가르친 분들이 무려 올림픽 공원에서 열리는 전국대회를 나가게 되는 보람있는 일도 생겼습니다.

그렇게 사람들에게 조금씩 인정받으면서 이 기관에서 다른 기관으로 소개가 되기도 하고, 저의 전공으로 할 수 있는 여러 수업들을 추천해주기도 했습니다. 어쩌면 남들은 복지회관에서 가르치는 것이 가벼운 일로 볼 수 있겠지만 내가 프로의식을 갖고 진지하게 임하니 저에게 여러 제안이 많이 찾아오기 시작한 것입니다.

그때 가장 먼저 들었던 생각이, 그 언니에게 정말로 고맙다는 것이었습니다. 우연히 대학원에서 만난 그 언니는 제가 강의를 할 수 있도록 첫 발판을 만들어준 사람이니까요. 언니와의 만남을 제가 소중하게 여기지 않았다면, 그냥 한 대학원에 다니며 스쳐 지나갈 사람으로 여겼다면 지금의 강의하는 교수 권순정은 없을지도 모릅니다. 언니의 진심어린 권유를 쉽게 지나치지 않고, 행동으로 반응하며 도전했기에 가능한 일이었습니다. 또 당장 댄스스포츠를 가르치지 못한다 해도 지금 할 수 있는 수업부터 진행하며 천천히 때를 기다렸습니다.

만남이 중요한 이유는 바로 이런 묘미 아닐까요? 생각지도 못했던 사람이 어떤 자리에서 나를 도와줄 수도 있고, 그저 스쳐갈 인연이라고 생각했던 누군가가 나의 미래를 바꿀 수도 있으니까요. 그래서 작은 인연도 쉽게 보지 않고 소중하게 여겨야 한다고 말하나 봅니다. 인생을 살아가는데 제일 중요한 것 중에 하나가 만남이고 '인복'입니다. 그렇기에 나는 지금도 내 주변의 사람들을 귀하게 대해야겠다는 생각을 합니다. 그 중에 누군가 당장은 아니더라도 먼 훗날 나에게 만남의 묘미를 선물할 때가 분명히 찾아올 테니까요.

생각지도 못했던 사람이
어떤 자리에서 나를 도와줄 수도 있고,
그저 스쳐갈 인연이라고 생각했던 누군가가
나의 미래를 바꿀 수도 있습니다.

도전하길
잘했어

  제가 처음 댄스스포츠를 강의하게 된 곳은 고양시일
산노인복지관이었습니다. 그곳에서 댄스스포츠를 가르
치기 시작하면서 몇몇 기관에서 저의 수업에 관심을 가
져주기 시작했습니다. 마침 댄스스포츠가 생긴 지 얼마
되지 않았던 터라 사람들이 굉장히 큰 호기심을 가지고
배우고 싶어하고, 배우는 사람들도 더 열정적이었던 시
기이기도 했습니다. 그러면서 저는 본격적인 강의 활동
을 시작하게 됩니다. 그 당시 많은 기업에서 직원들의 복지향상을 위해 여가 활동을 지원했습니다. 기업의 여가 프로그램으로 댄스스포츠를 만들어서 가르치기도 하고, 공무원들의 여가 프로그램으로 가르치기도 하였습니다.

이후 집 앞에 새 구민체육센터가 생겼고 강사를 모집한다는 공고를 보고 찾아갔습니다. 그렇게 이사장님 면접까지 보고 구민체육센터의 개강 멤버로 들어가게 되었습니다. 둘째가 2002년 2월생인데, 2002년 5월에 구민체육센터가 개관하게 됩니다. 그러니까 아이를 낳고 3개월 밖에 지나지 않아 새로운 수업을 하게 된 것입니다.

다른 이유는 없었습니다. 내가 살고 있는 구의 구민체육센터니까 이 좋은 춤을 알려줘야 되겠다라는 생각이 있었습니다. 그때 면접을 봤던 이사장님께서 댄스스포츠를 어떤 방향으로 어떻게 가르칠 것인지, 어떤 것들을 지향하고 어떤 목표가 있냐고 물으셨습니다. 그때 어디서 그런 용감한 말들이 생각났는지 모르겠습니다. 저는 이렇게 대답했습니다.

"누구나 다 가르칠 수는 있지만 저만큼 효과적이고 효율적인 교습법을 기반으로 나만의 티칭법을 가지고 있는 사람은 없다고 생각합니다. 명품이라는 것은 돈만 있으면 누구나 가질 수 있지만, 작품이라는 것은 보는 눈이 없으면 아무나 가질 수 없습니다. 이 구민센터의 댄스스포츠 반을 명품을 뛰어넘는 작품으로 만들겠습니다."

그렇게 센터에서 강의를 하게 되고, 그때 당시 20명 정도로 시작했던 강의가 백 명이 넘게 되는 쾌거를 이루어 냈습니다. 한 반으로 수용이 되지 않아 반을 늘려야 했고, 면접을 보았던 이사장님께 축하한다며 금일봉도 받았으니까요. 제 인생의 뿌듯한 기억 중 하나입니다.

무엇보다 회원님들의 만족감이 높았던 수업이었습니다. 어린 나이에 강의를 시작하면서 춤이 안 되는 사람들을 보면서 잘하게 만들어주고 싶은 욕심이 생겨 힐을 벗고 맨발로 파트너가 되어 주었던 기억도 생생합니다. 댄스스포츠는 여자가 7cm 이상의 힐을 신고 춤을 추는데, 가르치다 신발을 벗고 맨발로 잡아주었으니 나도 모르는 굉장한 열정이 분출되던 시기였던 것 같습니다.

저는 댄스스포츠를 좋아하고 열정도 있었지만 사실 가르치는 일이 더 좋았습니다. 춤을 못추던 사람들이 내가 가르쳐서 하나씩 이루어가는 과정을 보는 것이 내가 추는 것보다 좋았으니 말입니다. 이렇게 사람들을 가르치면서 저 나름대로 부족한 것들을 이론적으로 조금 더 채우고 싶은 마음이 생겼습니다. 또 막연하지만 나만의 무엇인가을 가지고 있어야 한다고 느꼈지요. 아무나 배워서 아무렇게나 가르치는 춤이 아니라는 것도 이야기해주고 싶었습니다.

그렇게 저는 늦은 나이에 결국 박사과정에 입학하기로 합니다. 어렵사리 들어간 박사과정을 다니는 동안은 정말이지 인생이 힘들었습니다. 왜냐면 아이가 어렸으니까요. 아이란 늘 새로운 변수를 가지고 있기 때문에 아픈 날도 있고, 유독 제게서 떨어지지 않으려고 하는 날도 있었습니다. 매일 잠이 모자라고 시간이 모자랐습니다. 그냥 포기할까? 라는 생각이 수시로 들 정도로 말입니다. 그러나 그 힘든 시간들을 보내고 박사과정을 마치고 나니 더 많은 기회들이 제 앞에 나타나는 것을 보았습니다. 마치 어려운 시간을 잘 보냈다고 축하해주는 선물처럼 말입니다.

그 전까지는 지역기관에서 수업을 주로 했다면 점점 기업에 있는 분들을 만나게 되고, 고급크루즈 여행을 가는 부부가 배에서 출 춤을 단기간으로 배우고 싶어 찾아오는 일도 있었습니다. 박사과정을 통해 나의 가르치는 기술을 높였을 뿐만 아니라 실제로 전에 만나보지 못했던 좀더 많은 기회가 열린 것이지요. 춤은 저에게 더 다양한 사람들을 만날 수 있게 해준 소중한 통로였습니다.

힘든 육아를 병행하며 박사과정을 마친 것이 저에게는 '나는 무엇이든 도전할 수 있고 해낼 수 있다'는 자신감의 자양분이 되었습니다. 무엇이든 이미 늦었다고 생각할 시간에 도전하자, 이런 생각을 하게 된 것이지요. 여행은 다리가 떨릴 때가 아니라 심장이 떨릴 때 떠나라는 말이 있습니다. 도전하고 싶은 일도 심장이 떨릴 때 시작해보세요. 지금 서 있는 그 자리가 꽤나 만족스럽고 달콤할지라도, 그 곳에만 머물러 있지 말고 한 계단 더 올라가 보세요. 더 많은 인연과 기회가 보입니다. 망설이지 말고 하루라도 젊은 날, 지금 당장 시작하는 것이 훗날 나를 돌아보았을 때 가장 잘했다 여기는 일이 될 겁니다.

지금 서 있는 그 자리가
꽤나 만족스럽고 달콤할지라도,
그 곳에만 머물러 있지 말고
한 계단 더 올라가 보세요.

더 많은 인연과 기회가 보입니다.

위기 1
절망의 순간에도
놓지 못한 일

제 인생에 가장 힘든 순간을 이야기 해보려 합니다. 처음으로 대학 강의를 나가게 되었던 해였습니다. 인하대학교 체육교육학과에 강의를 나가게 되었는데 둘째가 2월 중순에 태어나고 말았습니다. 대학은 3월 2일에 개강하는데 어떻게 해야 할지 막막했죠.

제왕절개로 둘째를 출산한 다음 날 아침, 병원에 누워 있는데 시누이가 찾아왔습니다. 저에게 아이를 못 봐줄 것 같다는 말을 가장 먼저 하더군요.

둘째를 낳기 전 시누이가 둘째를 봐주기로 약속했었기에 요즘 말로 멘탈이 탈탈 털려버렸습니다. 결국 참았던 눈물이 터지고 말았죠. 그 당시 친정 엄마는 제 큰 아이를 봐주고 있었기 때문에 두 아이를 맡기는 것은 현실 상 불가능한 일이었습니다.

병원에서 일주일의 시간이 흐르고 집으로 퇴원하는 날, 정말 머리가 터질 듯이 많이 아팠습니다. 학교에 나갈 날짜는 다가오는데 아이를 누구에게 맡겨야 할지 정말 많은 고민을 했습니다. 그러다 결국 제가 일을 그만둬야 겠다는 결론에 도달하게 되었습니다. 이 강의 자리를 포기하고 아이를 보는 게 낫겠다는 생각이 든 것이죠.

저를 강사로 추천해 주신 교수님께 전화를 드렸습니다. 그리고 사정을 말하며 수업을 할 수 없을 것 같다고 이야기했죠. 교수님께서는 굉장히 단호하고 냉정하게 오지 말라고 하셨습니다. 제가 아니어도 대학 강의를 하겠다는 사람들이 줄을 서 있다는 말과 함께 말입니다. 그 당시에는 그 말이 너무 냉정하게 들려 서운했는데 굉장히 이성적으로 하신 말씀이었습니다. 그렇게 전화를 끊으려는 찰나, 교수님은 조언을 이어가셨습니다. 이런 치열한 경쟁사회에 그것도 문이 좁은 대학 강의 기회가 왔으면 잡아야지 왜 놓을 생각을 하냐는 말씀이었지요. 교수님은 '어떻게든 잡을 생각을 하면 잡을 수 있고, 손에 있는 것을 놓는 것은 언제든지 놓을 수 있다'고 말씀하셨습니다. 수업은 조절할 수 있다, 그러나 네가 언제 다시 대학 강단에 설 수 있을지는 보장하지 못한다, 그러니 어떻게 해서든 아이 볼 수 있는 사람을 구하고 학교에 강의를 하러 오라고 말입니다.

3월의 인천은 바람이 정말 쎕니다. 살을 에는 듯한 바람이 내내 불었지요. 그러나 저는 몸을 채 다 추스르기도 전에 두꺼운 목도리로 목을 칭칭 감고 학교에

악착같이 나가기로 했습니다. 현재 나에게 주어진 기회를 잡기 위해 열심히 노력하고, 이 기회가 또 언제 올지 모르니 최선을 다해 부딪혀 보기로 한 것입니다. 물론 아무것도 모르고 세상에 태어난 아이를 물끄러미 바라보고 있으면 한없이 미안해졌습니다. 그렇지만 어떡하겠니, 아가야. 엄마도 엄마의 인생이 있고 엄마의 갈 길이 있단다. 그런데 여기서 놓으면 엄마는 언제 또 기회를 잡을지 모르니까 이번에는 엄마를 위한 선택을 할게. 정말 미안하다. 저는 태어난 둘째 아가에게 이야기 했습니다.

육아도우미 이모를 쓰면서 조금 더 여유가 생겼고, 이모님께 부탁하여 돌도 아직 되지 않은 아이를 바로 어린이집에 보냈습니다. 중간 중간 다른 일정이 생기면 엄마에게 너무 죄송하지만 언제나 도움을 요청했습니다. 엄마는 제게 언제나 기댈 수 있는 나무 같은 존재라는 것을 이때 깨달았지요.

신은 감당할 수 있을 만큼의 시련을 주신다고 하는

데 그 시기를 떠올리면 저를 너무 과대평가 했다는 느낌을 받습니다. 육아를 한다는 건 한치 앞이 보이지 않는 안개를 걷는 것과 같은 일이라 언제 무슨 일이 어디서 어떻게 터질 줄 모르니까요. 육아로 정말 힘들 때마다 에픽토테스의 말을 기억하며 버텼습니다. "우선 무엇이 되고자 하는가를 자신에게 말하라. 그리고 해야 할 일을 하라."

육아, 그리고 강의. 저는 언제나 내가 무엇이 되고자 하는지 잊지 않으려 했고, 오늘도 해야할 일을 그저 묵묵히 해 나가는 중입니다.

위 기 2
엄 마 가
일 했 으 면   좋 겠 어

　둘째 딸은 생일이 빨라 학교를 1년 빨리 들어가게 되었습니다. 유치원에 다닐 때에는 아이가 팔에 힘도 좋고, 기억력도 좋은 것 같고, 친구들과도 잘 지낸다고 칭찬을 많이 들었으니 학교에 가도 되겠다는 생각이 들었던 것이지요. 아이에게 1년 빨리 학교에 갈 수 있겠냐고 물었더니 아주 좋다고 하더군요.

　그런데 그 선택이 아이에게 어떤 영향을 가져올지 그

때는 미처 생각하지 못했습니다. 아이는 한글을 모르고 학교에 입학했습니다. 그리고 한 순간에 자존감이 바닥으로 떨어졌습니다. 요즘 시대에 한글을 안 가르치고 학교에 보내는 엄마는 아마 저 밖에 없었을 겁니다. 어쩔 수 없이 학원도 많이 보냈는데 학원에서 저희 아이를 가르쳤던 선생님께서 자기 아들도 똑같은 증세인데 난독증 환자일 가능성이 높으니 병원에 가보시라는 말을 들었을 때는 철렁 가슴이 무너져 내렸습니다.

결국 제 삶에 두 번째 갈림길에 서게 된 것입니다. 아이는 점점 더 많이 자신감을 잃어가고 있는데 이제 일을 그만 두고 아이를 온전히 케어하는 엄마가 되어야 할 것인지 고민을 시작했습니다. 또 아이를 집에서 교육하면 과연 내가 할 수 있을까? 나아지기는 할까? 저는 두려웠습니다.

그러던 중 1학년 담임 선생님께서 연락이 왔습니다.
"어머니 절대 소연이가 늦은 것이 아닙니다. 다른 아이들이 선행학습을 해서 빠른 겁니다. 이제 앞으로 우리 아이들은 이 빠른 속도로 살아야 하고 엄청난 스트레스 속에서 살게 될텐데 지금부터 너무 국영수를 시키려고 하지 마시고, 아이가 스트레스를 받았을 때 그것을 해소할 수 있는 예체능을 하나 시켜주세요." 선생님은 이렇게 말씀하셨고 같은 교육자로서 부끄러워지는 대화였습니다.

그렇게 아이는 담임선생님의 도움으로 1학년에 한글을 깨우치게 되었고, 이 후 건강하게 자신의 생활을 붙잡고 뛰어나지는 않아도 올곧은 아이로 커갔습니다. 역시 일을 그만두지 않고 선생님의 말씀을 믿고 맡기길 잘했다고 생각했습니다. 그러나 여전히 온전히 아이를 케어하지 못하고 있다는 미안한 마음에, 둘째 딸이 4학년 때 즈음 또 한번 제가 물어봤습니다. 엄마가 일을 그만하는 게 어떻겠냐고 말입니다. 그랬더니 딸은 저에게 왜 그런 말을 하는 것이냐고 물었습니다. 그리고 저를 바라보며 이야기했습니다.

"나는 엄마가 일했으면 좋겠어. 엄마는 엄마의 일을 잘하고 나는 그냥 일하는 엄마의 모습이 좋아."

둘째 딸은 엄마가 일하는 모습이 멋져 보이고, 삶에서 어떤 열정을 가지고 계속 노력하고 무언가를 이루어내는 것을 보니 너무 좋아 보였다고 이야기했습니다. 아이가 제가 상상했던 대답을 하지 않아서 저는 큰 충격을 받았지요. 그리고 정말 천만다행이라고 생각했습니다. 아이는 제가 생각하는 것보다 훨씬 더 단단하게 성장하고 있었고, 엄마가 열심히 사는 모습이 아이에게도 멋지게 비추어졌기 때문입니다. 딸아이의 답변에 내가 살아온 것들이 보람으로 다가와 가슴이 벅차올랐습니다. 덕분에 저는 계속 일을 할 수 있게 되었고, 학습부진이 염려되었던 둘째는 똑부러진 아이로 성장했습니다.

물론 제가 일을 하지 않고 아이에게만 집중했다면 우리 아이가 더 공부를 잘하지 않았을까, 어린 딸과의 더 많은 추억을 쌓을 수 있지 않았을까 하는 아쉬움은 여전히 있습니다. 그러나 딸아이의 응원 덕분에 당시 저는 더 큰 어려움도 이겨 낼 수 있을 것 같고, 어떤 상황과 마주해도 당당할 수 있을 것 같은 마음이 생겼습니다.

그 날 이후 지금까지 제 안에는 더욱 지속적인 열정이 타올라 묵묵히 제가 가야 할 길을 걸어갔습니다. 고맙게도 나의 길 위에는 그 길을 돕는 이들이 항상 있었습니다. 가장 포기하고 싶었던 순간에 그렇게 교수님이 붙잡아 주셨고, 그렇게 좋은 담임선생님의 도움도 받았고, 무엇보다 가장 큰 힘이었던 딸아이의 응원도 받으며 일하는 엄마가 되었습니다. 아이가 다 커버린 지금, 여전히 저는 자신의 길을 개척하고 있습니다.

"나는 엄마가 일했으면 좋겠어."

무 모 한
도 전

　학교에서 강의를 하며 학생들을 만나다 보니 제도적
으로 아쉬운 점이 한 두 가지가 아닙니다. 공연 하는 것
을 좋아하고 무대 위에 서서 자신을 빛내고 싶은 학생
들은 많은데 학생들이 무대에 직접 설 수 있는 기회가
많지 않다는 것이었죠. 학교 밖으로 나가 오디션을 보면
경력이 부족하다는 이야기를 듣기 일쑤니까요.

　사실 경력은 한 순간에 생기는 것이 아닙니다. 작은

무대라도 기회가 주어지고 발판이 생겨야 그것이 차곡 차곡 쌓여서 '경력'이라는 것이 생깁니다. 문제는 그 첫 기회와 발판을 찾기가 굉장히 어렵다는 것입니다. 저는 이 일은 같은 분야의 선배들이 혹은 교수들이 혹은 어른들이 해주어야 한다고 생각하고 있습니다. 젊은 친구들이 자신의 꿈을 가지고 세상에 나갈 수 있도록 최소한의 문은 열어줘야 한다고 말입니다.

오래 고민하다 아이들에게 자그만 경력이라도 함께 만들어 주고 싶다는 생각을 했습니다. 특히 무대 경험. 공연의 기회를 많이 누렸으면 좋겠다는 생각이었습니다. 처음에 2-3명의 학생들에게 저의 뜻을 전하자 생각보다 학생들의 반응이 좋았고 그렇게 저와 합이 맞는 학생들 몇 명이 모였습니다.

막상 일을 진행하자니 학생들을 데리고 공연을 기획하고, 준비하고, 공연장을 섭외하고, 티켓을 파는 일까지 모두 잘 할 수 있을까 많은 고민이 있었습니다. 생각을 실행에 옮기는 것은 쉬운 일이 아니니까요. 그러나 막상 프로젝트를 시작하자 학생들은 자신들이 할 수 있는 최대한의 역량을 끌어올려 참여해주었습니다. 기획부터 연습, 티켓준비까지 우리는 한 단계, 한 단계씩 완수하며 공연날을 기다렸습니다.

그렇게 어느 해 겨울, 강남시어터에서 공연을 올리게 되었습니다. 그 날 날씨는 정말 추웠는데, 그 해 겨울 중 가장 추웠던 날이라고 하더군요. 찬바람이 살짝만 스쳐도 살이 베어 나갈 것 같은 날이었습니다. 그런데 그 공연을 보러 온 사람들이 정말 많은 게 아닙니까. 놀랍게도 공연장은 만석이었습니다. 그것은 기적이었습니다. 학생들이 하는 공연은 객석을 다 채운다는 것 자체가 있을 수 없는 일이니까요. 아직도 그 날 학생들의 표정이 생생하게 떠오릅니다.

제 인생에 참 가슴 벅찬 날이었습니다. '경력? 없으면 직접 만들지 뭐.' 이런 반쯤 무모한 생각으로 했던 행동이 결국 제자들에게 진짜 괜찮은 경력을 만들어 주게 된 것입니다. 이 일에서 자신감을 받아 그 다음에도 저는 무모한 도전을 계속했습니다.

한 번은 아는 지인도 없는 강릉에서 '국민 걷기대회'를 열었는데, 지원이 부족하기에 지역 기업에 무작정 전화를 걸어 후원을 요청했던 일도 있었습니다. (저는 좋은 취지로 제안을 한 것인데 대뜸 전화를 걸어서 후원을 해달라니 처음에는 '미친 여자'인 줄 알았다고 하더군요. 물론 감사하게도 지원해주셨고 걷기대회는 성공적이었습니다.) 물론 항상 도전하고 성공을 거둔 것은 아닙니다. 때로 허무하게 실패로 돌아가거나, 과정을 견디지 못하고 중도에 하차한 것들도 있었지요. 살아오며 이렇게 막무가내로 도전했던 일들을 생각하면 가끔 얼굴이 붉어질 정도로 부끄러울 때도 있습니다.

그래도 후회하지 않습니다. 삶이란 끊임없이 원하고, 원하는 그것들을 이루는 과정이니까요. 그렇기에 나는 아직 인생이 재미있습니다. 오십이 된 지금도 제 머릿속에 도전하고 싶은 새로운 일들이 떠오르고 있고, 또 여전히 무모하게 행동할 힘도 남아있으니 말입니다.

변화 하 는
나

　‘호모사피엔스’는 들어봤는데 ‘포노사피엔스’는 처음
듣는 단어였습니다. 직감적으로 핸드폰과 관계된 것이
아닐까? 생각해보긴 했지요. 맞습니다. 스마트폰을 신
체 일부처럼 사용하는 현대인을 일컫는 단어라고 합니
다. 세상이 변하는 속도가 얼마나 빠른지 조금만 집중
하지 않으면 정신을 차릴 수 없게 되었습니다. 말 그대
로 눈 깜빡할 사이에도 많은 것이 변하고, 정보도 파도
에 밀려 쏟아지듯이 나오기에 다 섭렵할 수 없는 시대에

살고 있습니다. 거기다 Covid19는 더 이상 우리의 삶에서 스마트폰을 분리시켜 생각할 수 없게 만들었지요. 가상현실, 증강세계, 인공지능과 로봇의 출현 등 하루하루 변화의 속도를 따라가기가 힘듭니다. 앞으로 변화의 속도는 더 빨라질 것이고 우리 아이들은 저의 세대보다 더 빠르게 변화의 흐름에 잘 적응해 나갈 것입니다.

무성한 시대 변화 속에서 나도 변화하고 싶다는 마음으로 끊임없이 자기계발을 하고 있습니다. 코로나19가 시작되었을 때는 원격 수업을 잘하기 위한 수업 방법을 연구했고, 개인적으로는 새로운 꿈을 위해 드라마 작법 수업을 듣기도 했습니다. 작가의 꿈을 키우며 본격적으로 글을 쓰기 시작한 것입니다. 사실 이 나이에 새로운 것에 도전하는 것은 쉬운 일은 아닙니다. 지금까지 내가 잘 해온 것들 안에서만 살면 나름대로 어른 대접을 받고 편하게 살 수 있는데, 굳이 처음 보는 곳에 들어가서 새내기가 되어야 한다고 생각하면 불편하고 두려운 일이지요. 그러나 지금이 편하다고 주저 앉아버리면 거기서 끝이라는 걸 나는 알고 있습니다. 그렇기에 나는 나의 삶을 다채롭게 만들어줄 새로운 목표를 계속해서 찾고 있습니다. 100년이 채 되지 않을 나의 인생에서 나의 지경이 어디까지 넓어질 수 있는지가 궁금하고, 그렇기에 늙는 것이 별로 두렵지 않습니다. 늙기만 하는 것이 아니라 한 단계 위로 '변화'하는 것이기도 하니까요.

나는 늙는 것이
별로 두렵지 않습니다.

Chapter 2

인생을 블루스처럼
살고 싶습니다.

나는 인생에 대해
이렇게 이야기 하고 싶습니다.

블루스를 추듯이 살라고 말입니다.

걱정이
없기를 바라며

내 생각대로, 내 의지대로, 내 계산대로 설계한 인생의 타이밍이 딱딱 맞아 떨어지면 얼마나 좋을까요? 그렇다면 걱정이 없어 좋겠지만 금방 재미는 없어질 겁니다. 그도 그럴 것이 인생의 재미라는 것이 어려움 속의 성취, 또는 문제해결에서 나오는 것일 때가 많으니까요. 아무 문제 없는 인생이라니, 음악도 책도 스마트폰도 없이 먼 기차여행을 가는 것처럼 공허할 것 같습니다.

그럼에도 저 역시 걱정이 없기를 늘 바라왔습니다. 우리 딸이 공부를 잘하면 걱정이 없겠네, 이번 시험에 붙으면 걱정이 없겠네, 이번 공연이 잘되면 걱정이 없겠네… 늘 걱정하며, 또 걱정이 없기를 바라며 살아왔습니다. 그렇지만 걱정이 없으면 좋을 것 같지만 인생이란 걱정이 있어도 걱정이 되고, 걱정이 없어도 걱정이 되는 것이더군요. 지금은 '아아, 이것만 되면 정말 좋을텐데'라고 생각하겠지만 그것이 이루어지고 난 다음에도 또 다른 걱정거리가 생겨나기 마련이니까요. 그러니 걱정이란 인생의 부속품 같은 것, 무언가 내 뜻대로 안 된다고 크게 좌절할 필요는 없습니다.

인생은 산행과도 같아 올라가면 내려오고, 또 내려가면 올라가게 되어있습니다. 저는 우리의 이런 인생이 춤과 같다고 생각이 들었습니다. 춤에도 강약이 있고 템포가 있는 것처럼 인생에도 강약과 템포가, 희노애락이 있는 것이지요. 강하게 때로 약하게 변화가 있기에 더 멋진 춤이고 그렇기에 더 재미있는 인생인 것입니다. 정답 없는 인생에서 정답을 찾아 아등바등 살기 위해 애쓰지 말고 가끔은 위로 아래로 흘러가는 대로 몸을 맡기는 것도 신에 대한 화답일 수 있습니다. 그렇게 흘러가듯 춤추며 살아가면 좋겠습니다. 블루스를 추듯이 말입니다.

거 리
두 기

저는 원래 굉장히 평범한 사람인데 약간 다른 면이 있습니다. 무엇을 해야겠다라고 마음먹으면 굉장히 중추적이고 저돌적이고 추진력이 생긴다는 것입니다. 그래서 무언가를 해야겠다는 생각이 들면 부정적으로 말하는 사람은 되도록 만나지 않으려 합니다.

그 사람이 친한 친구이던, 지인이던 어쨌든 부정적으로 얘기하는 사람은 항상 조용히 정리가 되곤 했습니다.

저는 부정적인 사람이 아닌데 그런 말을 들으면 함께 기가 빠지고 아무것도 하고 싶지 않아지기 때문입니다. 대신 에너지가 넘치는 사람들을 일부러 연락해서 만나려고 합니다.

살면서 항상 즐겁고 기쁜 일만 있으면 얼마나 좋을까요. 하지만 인생이 그렇게 호락호락 하지만은 않지요. 제 주변의 몇몇 사람들은 종종 인생의 에너지가 딸리면 저에게 전화를 합니다. 저와 대화를 나누고 나면 기운이 생긴다고 말입니다. 한 명이 아니라 여러 명이 그렇게 말하길래 이유를 물어봤습니다. 그 이유는 다름 아니라 그저 늘 밝게 전화를 받아주고 부정적인 답변을 하지 않기 때문이라고 하더군요. 저도 모르던 나의 언어 습관을 깨닫고 새삼 스스로를 칭찬해주고 싶다는 생각을 했습니다.

참 신기한 것이 감정은 전염됩니다. 부정적인 사람 옆에 있으면 부정적이 되고, 에너지가 넘치는 사람 옆에 있으면 에너지가 넘치는 사람이 되니까요. 인간관계로 상담을 하는 제자들에게 부정적인 사람과 적정한 거리를 유지할 것을 조언합니다. 코로나에 전염되지 않기 위해 거리두기를 하는 것처럼, 부정적인 감정도 옮지 않기 위해 거리두기를 해야 한다고 말입니다. 험한 인생 긍정으로 무장해도 모자랄 판에 부정적인 사람 옆에서 한탄하며 낭비할 시간이 없으니까요. 오늘 하루 잘 보낼 자신이 없다면 가장 쉬운 방법은 긍정 에너지가 넘치는 사람들 옆으로 자리를 옮기는 것입니다. 나는 오늘도 비타민 같은 소중한 이들을 만나러 갑니다.

걱정이란 인생의 부속품 같은 것,
무언가 내 뜻대로 안된다고
크게 좌절할 필요는 없습니다.

강약을 즐기는 블루스를 추듯이
흘러가듯 춤추며 살아가면 좋겠습니다.

내 운명은
내가 선택할게요

저의 친한 친구 하나는 자신의 삶에 주어진 운명을 굉장히 맹신하며 살고 있었습니다. 사주팔자를 너무 잘 믿는 것이지요. 그래서 저와 통화할 때면 자신에게 일어난 모든 일을 사주팔자에 빗대어 이야기하곤 합니다. 난 이래서 이건 안 된다고 했어, 저래서 저건 안 된다고 했어 하면서 말입니다.

어느 날은 이런 이야기를 계속 들으니 좀 짜증이 나

기도 했습니다. 안 되면 되게 하면 되지, 노력을 해서 바꾸면 될텐데 왜 해보지도 않고 안 된다고 하는 걸까? 내 팔자가 이러니까 안 된다고 가만히 앉아만 있는 것은 괜찮은 걸까? 팔자를 탓하는 것은 저의 가치관으로는 온전히 받아들이기가 힘든 일이었습니다.

물론 저도 사주를 보러 가기도 하고 무당을 찾아간 적도 있었습니다. 그렇지만 저는 좀 특이해서 마음에 결정을 내려두고 갑니다. 거기서 내게 하지 말라고 한다 해도 하긴 할 건데, 기왕이면 확신의 말을 듣고 싶다 할 때 갔던 것 같습니다. (이렇게 이야기하고 보니 좀 우습기도 합니다. 요즘 말로 '답정너'라고 할까요?) 예를 들어 무용학원을 할 건데 점집에서 시기가 안 좋으니 내년쯤 하라고 하면, 크게 망하거나 건강을 해치는 것은 아니니까 그냥 합니다. 어차피 할 거니까요. 내년에 하나 올해 하나 크게 다를 건 없다는 생각으로 합니다. 실제로 한 번은 한 역술인이 제게 '올해 박사를 도전해도 떨어질 것'이라고 했지만 도전했지요. 사실 도전하는 것 말고는 제

맘속에 정해진 답은 없었으니까요. 떨어진다고 하니 오히려 오기가 생기더군요. 저는 도전했고, 잘 붙었습니다.

저는 생각해봅니다. 운명도 있고 팔자도 있지만 그것 때문에 지금 나에게 주어진 것들을 노력하지 않고, 내가 하고 싶은 일을 하지 않는다면 과연 내가 내 인생의 주인이라 할 수 있겠는가 하고 말입니다. 그것은 운명을 받아들이는 것이 아니라 운명의 하수인이 되는 꼴이겠지요. 나는 설령 실패하는 일이 있어도 직접 부딪혀보고 내 삶의 방향을 결정하기로 했습니다.

제가 지금까지 살아온 방식은 끌리는 것이 있으면 밀어붙이는 것이었습니다. 일단 하고 싶은 것의 첫 발을 내딛으면, 어디선가 그것을 도와줄 사람들이 하나씩 나타나고, 무심한 듯 힌트를 알려주는 사건이 생기고, 우연한 기회들을 만나게 되면서 내가 원하던 방향으로 삶이 흘러가기 시작한다는 것, 아마 겪어본 사람들은 이

메커니즘을 잘 알 것입니다. 이 과정에서 운명도 바뀌고 사주도 바뀔 수 밖에 없겠지요. 운명이 바뀐다는 것은 아마도 그가 가질 수 있는 운명 중, 더 좋은 운명으로 가게 되는 거라 여겨집니다. 내가 가진 운명 중 가장 좋은 운명으로 흘러가게 하는 것, 그것은 역술인의 말이 아니라 내가 가슴이 끌리는 일에 도전하는 일입니다.

자존감을
높이는 방법

"짜증나, 정말 자존심 상해."

저희 첫째 딸은 둘째 딸보다 '자존심 상한다'는 말을
자주 했습니다. 둘의 성격이나 성향을 보자면 첫째는 어
릴 적에 걷기는 물론, 한글이나 수 익히기 등 기본적인
놀림들이 빨랐습니다. 사춘기가 오기 전까지는 학업도
남들보다 뛰어나고 그림도 참 잘 그리는 녀석이었습니
다.

늘 모든 칭찬과 기대를 받았던 그녀가 어느 순간부터 자신이 남들과 비교했을 때 부족하다고 느껴졌는지, 부쩍 자존심 상한다는 말을 자주 했습니다. 반면에 아무 생각 없이 사는 것 같아 보이는 둘째 딸은 한글도 늦게 깨우치고, 모든 영역에서 더디게 성장한 아이입니다. 그래서 제 생각에는 첫째보다 둘째가 더 자존심 상한다는 말을 자주 할 것 같은데 둘째는 이런 표현을 사용하지 않았습니다.

두 딸의 차이점이 무엇일까 생각하며 곰곰이 바라보니 둘째는 남들과 자신을 절대 비교하지 않는 겁니다. 그녀는 '내 생각은 달라', '나는 남들과 달라' 이런 말을 자주 했습니다. 남들을 잘 신경쓰지도 않고 비교하지 않으니 그러니 자존심이 상할 일이 없는 것입니다. 반면에 칭찬에 익숙했던 첫째 아이는 언제나 남보다 잘해야 한다는 생각이 있었기에 남과 비교해서 자신이 못하다는 생각이 들면 자존심이 상했던 겁니다. 신기하게도 조금 부족했던 둘째 아이가 첫째 아이보다 더 푸근한 자기애가 있고, 자존감이 높았나 봅니다.

언젠가 자존심과 자존감의 차이가, 자존심은 '내가 제일 잘나가'라는 생각이고 자존감은 '나는 좀 부족하지만 괜찮아'라는 것이라는 말을 어디선가 보고 우리 딸들이 생각나 웃었습니다. 그러면 나는 어떻게 살아왔나 되돌아보니 지금까지 나름대로 꽤 괜찮은 자존감을 갖고 살아온 것 같다는 생각을 합니다. 저에게 자존감 키우는 법에 대해 누가 묻는다면 저는 이 두 가지를 말해주고 싶습니다.

먼저는 나를 알아야 합니다. 그래야 내가 잘하는 것, 못하는 것, 어려워하는 것 등을 알고 나를 잘 파악하고 다룰 수 있으니까요. 신기하게도 나를 알면 자존감이 자연스럽게 높아집니다. 나를 안다는 것은 내가 모든 것을 잘하지 못하더라도 어떤 것에 강점이 있는 사람인지는 확실히 안다는 것이고, 그것은 자신감과 자존감으로 연결되도록 되어 있으니까요.

두 번째, 우리 둘째가 그랬던 것처럼 나를 남과 비교하지 않는 것이 너무도 중요합니다. 제 지인 한 사람은 남과 비교하지 않기 위해서 SNS를 아예 끊었다고 하더군요. SNS에 올라오는 다른 사람들의 외식 사진, 여행 사진을 보고 있노라면 자기만 빼고 남들은 너무 행복하게 잘 사는 것 같아 슬퍼진다고 말입니다. 너무한 것 아닌가 싶었지만 SNS로 인해 자꾸 남과 나를 비교하게 된다면 역시 끊는 게 맞다는 생각을 했습니다. 모든 불행은 비교에서 오는 것이니까요. 반대로 말해서 비교하지 않으면 행복합니다. 나와 동갑인 누군가가 연봉 얼마를 벌고 어디에 사는지, 무슨 차를 타는지는 나 자신에게 하나도 중요한 정보가 아닙니다. 내가 나중에 어떤 예쁜 집에서 살고 싶은지, 어떤 사람과 결혼하고 싶은지, 오늘은 무엇을 먹고 행복할지가 중요한 것입니다. 제가 꽤 높은 '텐션'을 유지하며 살아가는 비결도 남들과 나를 잘 비교하지 않은 데에 있습니다. 세상에서 내가 제일 잘났다고 생각하진 않지만 적어도 저 자신에게 시선을 두고 살아 왔으니까요.

나를 아는 것, 비교하지 않는 것. 당장 그렇게 되는 것이 어려운가요? 그렇다면 우선 자기 자신과 충분한 시간을 보내보세요. 할 수 있다면 잠시 핸드폰을 꺼놓고 혼자 훌쩍 멀리 바다 여행을 떠나보는 것입니다. 그곳에 가면 오직 바다와 자신만 들여다볼 수 있겠지요. 파도 치는 바다 앞에서 오로지 나는 누구인가, 나는 무엇을 원하는가만 생각해보는 겁니다. 세상에 '짝퉁'들이 많지만 이 세상에 나라는 한 사람은 다른 누구도 대체 할 수 없는 진품, 대체불가 상품이라는 것을 깨닫기를 바랍니다. 당신 같은 사람은 이 세상에 단 한 사람밖에 없습니다.

나를 아는 것
비교하지 않는 것

정답은
없어

졸업한 제자 녀석이 찾아와 집 앞에서 밥을 먹었습니다. 잠깐 지방 대학에 출강을 갔다가 만난 이 친구는 누가 보아도 예쁜 아이였고, 붙임성이 좋은 친구였습니다. 누구나 한 번쯤 고민하는 문제로 이 친구도 힘들어하고 있었지요. 바로 먹고 사는 일, 진로에 관한 고민이었습니다.

"저는 졸업하면 바로 어딘가에 취업해 무엇이든 사회 구성원으로 활동할 것이라는 막연한 기대가 있었는데 그것조차 너무 어려워요." 이 친구가 이야기 하더군요. 유난히 저를 잘 따르던 아이였기에 더 마음이 좋지 않은 날이었습니다. 소주잔을 앞에 두고 저희는 잠시 아무 말도 하지 않았습니다. 제가 어떤 조언을 하기도 전에 이 친구의 눈에 이슬이 맺혀 곧 소주잔으로 또르르 떨어질 것 같았으니까요. 그래도 교수로서의 조언이 아닌 정말 내 딸이라고 생각하고 전할 수 있는 말을 해주고 싶었습니다.

우선 물었습니다. "너는 왜 배우가 되려고 하는지 질문해 봤니? 혹은 내가 왜 이런 꿈을 가지고 있는지 질문해 봤니?" 꿈에는 여러 이유가 담겨 있을 것이니까요. 돈을 많이 벌고 싶어서, 유명해지고 싶어서, 그냥 연예인이라는 막연한 기대 심리와 스타성 때문에. 이런 이유가 아니라 정말 무조건 하고 싶은 자신만의 꿈인지 되돌아보라고 했습니다. 그리고 아무리 생각해도 정말로 배우가 되고 싶은 것이라면 조급하게 마음먹지 말고 자기 뿌리를 깊게 내리라고 말했습니다. 이 분야에서 하루아

침에 반짝하고 떴다가 지는 배우들이 얼마나 많느냐고, 독보적인 캐릭터로 그 배우를 사랑하고 그 배우를 찾는 팬들이 많아야 생명력이 길어지고 좋은 배우가 될 수 있는 것이라고 말입니다. 그러니 유명해지기 전에 충분히 뚜렷할 만큼 자기 색을 만들고, 자기의 개성을 더 찾으라고 말했습니다. 또 스스로 끼가 부족하다고 생각하는 그녀에게 이제부터 그런 생각은 하지 말고 자신감을 풀로 채우라고 말했습니다. '그 역할을 하기에 나처럼 예쁘고 조건이 맞는 사람이 없다'고 스스로 자기 암시를 해도 시간은 부족한 것이라고 말입니다. 제 말을 들은 그녀는 생각이 깊어지는 듯했습니다.

1년이 흐른 뒤 이 학생은 본가가 있는 소도시에 작은 옷가게를 한다고 연락을 해왔습니다. "교수님, 생각해 보니 저는 무대가 좋았던 것이 아니라 예쁜 옷, 멋 내는 것, 화려하고 때로는 오밀조밀한 무대 의상이 좋았던 것 같아요." 듣고 보니 그 친구와 너무 잘 어울리는 일이었습니다. 분명 손님들도 많이 올 것 같았고요. 그런데 배우의 꿈은 완전히 접은 건지 궁금해져서 물었습니다.

이 친구는 배우가 되려고 했을 때 매번 원하는 대로 안 되니까 많이 우울했다고 하더군요. 하지만 옷가게를 하면서 여유를 가지고 생각해보니 또 무대 생각이 나서 연극부터 다시 생각해보기로 했다고 전해왔습니다. 그게 무엇이든 상관이 있을까요. 게다가 요즘 같은 세상에 직업이 여러 개면 더 좋은 일이니 말입니다. 저는 여전히 학생들이 무엇을 하든, 무엇이 되든 상관없이 이들의 꿈을 응원할 것입니다.

요즘 한창 인기가 많은 '손석구'라는 배우는 여러 직업을 경험하고 29살이라는 나이에 배우의 길로 들어섰다고 하더군요. 인생이 수학공식이 아닌데 정답이 있을 리가 없습니다. 살다 보면 물 흐르는 대로 자연스럽게 흘러가는 지점이 생기기도 하고, 내 의지가 아닌 상황으로 다른 꿈을 찾아 꺾이기도 하는 것입니다. 우리는 〈로뎅〉의 작품이 아닙니다. 우리는 나 자신의 작품이지요. 생각만 하는 사람으로 남을지 시도하는 사람으로 남을지는 오롯이 나 자신의 몫입니다.

마음의 문

깊은 우울감에 빠졌을 때였습니다. 이유 없는 무기력함에 갇혀 아무것도 할 수 없었고, 밥도 잘 넘어가지 않았습니다. 억지로 무엇이든 해보려고 해도 쉽게 되지 않는 기분, 무기력증과 우울이 나를 잠식했습니다. 누구나 살다 보면 이런 날이 있기 마련입니다. 제가 이럴 때 주로 쓰는 방법이 있는데 바로 '멍 때리기 기술'입니다. 먼저 멍을 때리면서 나의 우울감을 깊게 느껴봅니다. 그리고 내 인생에서 가장 좋았고 뿌듯했던 때를 떠올리는 것입니다. 그때와 지금을 비교해보고 내가 그때처럼 좋아지려면 어떻게 해야 할까, 뭐가 문제일까 고민의 끝까지 들어가 봅니다. 허공을 바라보며 저의 인생을 반추하다 보면 내가 지금 이러고 있으면 안되지, 다시 무엇을 해야지 라는 꽤 긍정적인 결론을 얻게 되곤 합니다. 이번에도 굳게 마음을 먹고 무언가를 다시 준비하고 일어나야겠다는 생각을 가졌습니다.

제가 이 우울감에서 벗어나야겠다고 생각하니까 동작FM에서 '댄서의 순정'이라는 프로그램을 만들어 저에게 제안을 주셨습니다. 이 방송을 통해 제가 지역 주민들에게 봉사할 수 있는 기회가 오게 된 것입니다. 그것도 내가 무언가 새로 시작을 하자 마음을 먹었을 때쯤 이런 제안이 오니 신기하고 기쁜 일이었습니다. 내 나이에 이런 것을 해도 될까 잠시 망설였지만, 타이밍이 딱 나를 위한 선물같다는 생각에 흔쾌히 하겠다고 했습니다. 저는 이랬던 일이 여러 번이었습니다. 내가 마음을 열었을 때쯤 하나의 새로운 문이 열리는 경험 말입니다. 일이 풀리지 않아서 깊은 무기력에 빠진 누군가가 있다면 말해주고 싶습니다. 먼저 기회를 받아들일 마음의 준비를 하라고 말입니다. '지금은 눈에 보이지 않지만 사실은 저 새로운 기회가 오고 있다, 더 좋은 기회가 나를 찾아오고 있다, 저 길목 한 귀퉁이 넘어에 기회들이 찾아오고 있다…' 자신감이 떨어질 때마다 저는 자신에게 말하곤 합니다.

실은 생각지도 못한 기회들이 여전히 우리를 찾아 헤매고 있을지도 모르는 일입니다. 매 순간이 절망이면서 매 순간이 기회라는 것을, 저는 이제 잊지 않으려고 합니다.

마음의
소리

저는 성격이 굉장히 직선적이고 급하고, 어쩌면 우스운 말로 '지랄 맞다' 싶기도 합니다. 대화를 직설적으로 하다 보니 많은 사람들에게 상처를 줄 때도 많았지요. 그런데 또 한편으로는 마음이 굉장히 약해서 주변 사람들의 부탁을 거절하지 못하고 어쩔 수 없이 들어주는 경우가 많았습니다.

도움이 필요하다는 손길을 거절하지 못하고 도와줬

는데 그 일이 나중에 큰 화살이 되어 나의 등을 찌르고 있을 때도 참 많았습니다. 한번은 가까운 지인이 댄스 스포츠 강사가 되고 싶다기에 가르치고 도와주었더니, 후에 저의 경력을 도용해서 강의를 하고 다녔던 아픈 사건도 있었습니다. 그런 일들이 종종 생기면서 마음의 상처를 많이 받곤 했습니다.

그래서 그때부터는 누군가가 제게 부탁을 했을 때, 정말 마음이 움직이지 않으면 거절을 하는 편입니다. 하지만 제가 거절을 하기까지는 굉장히 오랜 시간이 걸렸습니다. 미안해서 거절 조차 못하는 것입니다. 또 내가 거절하면 그들이 나를 어떻게 바라볼지, 다른 곳에 가서 나에 대해 어떻게 이야기할지도 걱정되는 것이 사실이었습니다.

그러나 이제는 역시 마음이 시키는 대로 처신하는 것이 맞다고 생각하고 있습니다. 사실 선택에는 정답이 없으니 말입니다. 어떻게 살아야 할지, 무엇을 하면서 지낼지, 친한 친구가 하는 무리한 부탁을 들어줄지 말지에 대한 문제도 결국 나에게 온전히 선택의 권리가 있는 것입니다. 그리고 진정 내 마음이 시키는 대로 선택하면 대개 화가 되는 일도 없고 후회도 없습니다.

이제 무리한 부탁은 정중히 거절할 줄 압니다. 관계에 치여서 내가 기쁘지 않은 일에 억지로 동참하지 않습니다. 그리고 나니 주변에 있던 여러 관계의 옥석이 구별되고, 한결 산뜻해졌습니다. 나를 소중히 하는 관계라면 나의 거절도 소중히 여겨주는 사람일 테니까요.

'마음의 소리'라는 유명한 웹툰 제목이 생각납니다. 나는 이제 내 마음의 소리를 따라 살렵니다. 이제 모두에게 좋은 사람이 되려고 애쓰지 않으렵니다. 나는 나에게 좋은 사람이고 싶습니다.

내가 보고
들을 때까지
보류하는 일

저는 직접 보고, 직접 들은 것이 아니면 다른 사람의 말은 믿지 않습니다. 인생을 살다보면 누구는 바람을 폈다더라, 누구는 성격이 안 좋다더라, 누구는 어떻다더라 이런 이야기를 많이 듣게 되곤 합니다. 그렇게 듣고 나면 그 사람을 이후에는 불편한 시선으로 바라보게 되지요. 하지만 다른 사람의 말을 옮기는 사람은 매번 다른 사람의 이야기를 옮기고, 옮겨지는 과정에서 이야기는 겉잡을 수 없이 과장되고 와전되기 마련입니다.

저도 어린 나이에는 그런 이야기들에 흔들려 그 사람을 불편한 시선으로 볼 때가 많았습니다. 그러나 나이가 들면서 누군가에게 들은 이야기와 실제 만난 사람은 완전히 다른 경우도 꽤 많아서 당황한 적이 한두 번이 아니었습니다. 생각해보니 부정적인 이야기를 옮기는 사람은 항상 그런 이야기만 옮기더군요.

지금은 직접 보고 들은 것만 믿습니다. 또 다 믿을 수 없다면 사실관계에 대해 팩트를 체크하는 일도 시작했습니다. 이제는 누군가 어떤 실수를 했다고 소문이 났을 때에 확인도 하지 않은 채 그 말을 믿고 동조하지 않습니다.

그러나 저도 사람인지라 편견에 갇혀 불편한 시선을 거두는 일은 생각보다 어려운 일이었습니다. 떠도는 소문이나 전달되는 이야기를 그대로 믿어 버리는 것은 너무 쉬운데 반해, 일일이 팩트를 체크하고 세세하게 알아보는 것은 사실 귀찮은 일이기도 하니까요.

그래도 나 자신을 위해서 힘들고 좁은 문으로 들어가기로 했습니다. 생각 없이 수용한 뒤에 불편한 시선으로 누군가를 바라보는 것 말고, 내가 조금 힘들더라도 보고 들을 때까지 어떠한 말도 하지 않고, 불편한 시선으로 바라보지 않고 보류하는 일. 어렵지만 1cm만큼 더 성숙한 어른이 되고자 노력하고 있습니다.

　기독교 신자는 아닙니다만 성경에서는 '비판받고 싶지 않거든 비판하지 말라'고 했습니다. 내가 먼저 남에게서 불편한 시선을 거두면 언젠가는 저를 바라보는 불편한 시선도 거두어질 것이라 믿어봅니다.

비 난 에
대 처 하 는 법

비판할 것인가? 비난할 것인가? 제가 학교를 다닐 때와 지금의 교육이 많이 달라졌다고 느끼지 않습니다. 굳이 달라진 것을 꼽자면 엄마들의 치맛바람이 더 세차게 불고 있다는 것이겠지요. 입시 위주의 틀에 박힌 교육 속에서 여전히 학생들은 질문받는 것을 두려워하고 자신의 의견을 말하는 것을 주춤하는 것을 봅니다. 그리고 그것은 아마도 자신의 의견에 대해 비판보다는 '비난'을 많이 받아왔기 때문은 아닐까 하고 생각해봅니다.

비판의 사전적 의미를 찾아보았습니다. '첫째, 현상이나 사물의 옳고 그름을 판단하여 밝히거나 잘못된 점을 지적함, 둘째, 사물을 분석하여 각각의 의미와 가치를 인정하고 전체 의미와의 관계를 분명히 하며 그 존재의 논리적 기초를 밝히는 것'이라고 말합니다. 그에 반해 비난의 사전적 의미는 '남의 잘못이나 결점을 책잡아 나쁘게 말하는 것'이라고 정의합니다. 옳은 이야기를 논리적으로 말하는가, 아니면 책잡아 나쁘게 말하는가. 이것이 비판과 비난의 큰 차이라는 것입니다. 사고가 건강한 사람은 비난보다는 비판을, 부정적인 사람은 당연히 비판보다는 비난을 많이 하겠지요.

둘째가 초등학교를 다닐 적의 일입니다. 재활용을 이용해 만들기를 하는 과제가 있었습니다. 아이는 달걀판의 모양을 오려내어 도깨비 방망이를 만들어갔습니다. 집으로 돌아온 아이의 표정은 밝지 못했습니다. 이유인즉 비판 아닌 조롱과 비난을 받고 왔기 때문입니다. 저는 그날 아이를 달래주고자 무한한도로 엄지 척을 날려

주었습니다. 그럼에도 불구하고 아이는 그 날 이후 만들기를 해야 할 때가 오면 소극적인 자세를 보이더군요. 또 계속해서 자신이 만들고 있는 것이 맞는지 확인하는 버릇이 생겼습니다. 만들기에는 정답이 없는데 정답을 찾고 있는 것이었습니다. 이렇듯 어려서부터 경험하는 타인의 비난은 우리를 위축되게 만드는 듯합니다. 비난을 두려워 하다보면 점점 창의적인 생각을 하지 못하고 틀에 박힌 인간이 되어가는 것이지요.

우리나라에서 '악플'이라는 이슈는 끊이지 않습니다. 악플 때문에 괴로워하다가 심지어 자살까지 하는 연예인이나 인플루언서들도 봅니다. 누군가 나에게 근거 없는 조롱과 비난을 퍼부을 때 우리는 어떻게 해야 할까요? 언젠가 이기주 작가의 책에서 그런 말을 보았습니다. 누군가 나에게 다는 악플은 '잘못 배송된 소포'라고, 굳이 뜯어보고 꺼내볼 필요가 없다고 말입니다. 맞는 말입니다. 무반응과 무시가 답입니다. 혹여 당신이 화내거나 어떤 반응을 보이면 그들은 더 신이 나서 날

뛸 테니까요. 우리는 그저 우아하게 무시할 것, 그리고 상처받지 않을 것. 이 두 가지를 잘 지키면 됩니다. 휩쓸리지 말고 자신의 길을 묵묵히 걸어갑시다. 개는 짖어도 열차는 달린다는 말처럼 말입니다. 언제나 자신을 지키는 것이 가장 먼저입니다.

이유없는 비난에는 우아하게 무시할 것,
그리고 상처받지 않을 것.

익숙한 단어가
당신을 설명합니다.

아무리 '삐-' 처리를 하고 X표시를 해도 낯부끄러운
단어들이 언제부터인가 지하철과 거리에서, 심지어는
캠퍼스에서도 아주 쉽게 들을 수 있는 익숙한 단어들이
되었습니다. 격한 분노나 화가 난 상황 속에서 들리는
단어가 아닌, 일상 속에서 습관적으로 욕이 묻어나는
듯합니다.

대학교에서 학생들의 입에서 이런 느낌의 단어들을

처음 들었을 때에는 당황스러움에 웃음이 나왔습니다. 아무래도 어떻게 반응해야 할지 몰라 난감함을 웃음으로 표현했던 것 같습니다. 이 단어가 뭔데 사람들이 이렇게 많은데서 저런 말을 쓰는 걸까. 어이없는 쓴 웃음이 절로 나왔지요.

몇 해 전 타 대학으로 강의를 나갈 때의 일입니다. 그날은 피곤해서 운전을 하고 싶지 않아 셔틀 버스를 타고 학교에 갔던 날이었습니다. 강의가 끝나고 다시 셔틀 버스를 타기 위해 줄을 서서 한참을 기다렸는데 그날은 유난히 셔틀 버스를 오래 기다려야 했습니다. 그런데 갑자기 뒤에서 두 명의 여학생이 대화를 나누는데 욕이 난무하기 시작하는 것입니다. 셔틀 버스가 안 온다는 이유로 온갖 욕을 내뱉었습니다. 학생들 앞에 같이 서있기가 불편해졌습니다. 차를 가져올 걸 후회가 되기도 했습니다.

그 때 저 멀리서 제가 가르쳤던 학생들이 내려오며 크

게 인사를 했습니다. 아주 해맑은 웃음과 함께 날도 추우니 버스를 같이 기다려 주겠다고 했습니다. 마음은 참 고마웠는데 너희들도 추우니 어서 강의실로 들어가라고 했습니다. 그 뒤로 또 다른 학생들 역시 내려오며 제게 인사를 건넸습니다. 그런데 뒤에 있던 그 학생들이 또 다시 상스러운 단어들을 섞어 이번에는 다른 학생들이 제게 인사한 것을 가지고 욕을 하는 겁니다. 자기들은 우리과 교수들 얼굴도 몰라서 인사를 못하는데, 다른 과는 교수한테 인사를 많이 한다는 이유로 욕을 하는 것입니다. 앞에 있는 사람을 대놓고 욕을 하니 더 당황스러웠습니다.

한참 뒤통수가 뜨겁던 시간이 지나고, 그녀들은 또 다시 학교 셔틀 버스가 오지 않는다는 이유로 욕을 시작했습니다. 저의 인내에도 한계의 그림자가 비춰오기 시작했습니다. 저 멀리 마치 구세주처럼 부릉부릉 버스가 올라오는 소리가 들렸습니다. 이제 조금만 참으면 되겠다고 생각한 순간, 그녀들의 입은 또 다시 욕 잔치를 시작했습니다. 빨리 버스를 세우지 않는다는 이유로 말입니다.

이전의 한 교수님께서 욕을 너무 심하게 하는 학생들이 있어 똑같이 해줬었다는 말이 문득 뇌리를 스치고 지나갔습니다. 저는 고개를 살짝 돌리고 그녀들이 했던 욕을 '똑같이' 따라서 말했습니다. 그리고 완전히 고개를 돌려 그 학생들의 표정을 보았습니다. 그녀들의 표정은 기분 나쁨 반, 멍함 반으로 어이없음을 말해주고 있었습니다.

그리고 제가 다시 앞을 보자 자기들끼리 수군거렸습니다. 아주 소심하게 교수님이 왜 욕을 하냐고 했습니다. 저는 다시 뒤돌아 그녀들에게 따끔하게 이야기 했습니다. "왜? 너희가 하는 건 듣기 좋고, 내가 하는 욕은 듣기 싫니? 난 혼잣말도 못해? 너희는 남에게 들리게 계속 떠들었잖아." 그러자 한 여학생이 입술을 삐쭉거리며 기어들어 가는 목소리로 그게 아니라고 했습니다.

그 학생들은 결국 버스에 오르기 전 저에게 죄송하다는 말을 건넸습니다. 죄송하다는 말을 했다는 것은 부끄러움을 안다는 것이고, 부끄러움을 안다는 것은 무엇을 잘못했는지 안다는 것이겠지요. 사과를 들으니 이 학생들이 습관적인 언어 패턴에서 충분히 벗어날 수 있는 학생들이라는 것에 감사했습니다.

사실 젊은 날에 욕을 사용하는 것은 한때의 허세 일 수 있습니다. 결코 그 모습이 아름다워 보이지 않지만 그들만의 가오, 그런 것이 아니었을까 생각해 봅니다. 하지만 모든 사람은 말에서 그 사람의 인품이 결정됩니다. 생각해보면 아무리 비싼 명품으로 치장을 했더라도 말에서 입에서 상스러운 단어가 나오면, 그 비싼 명품도 그저 사치스럽고 천박하게 보여지곤 하니까요. 언어패턴은 그 사람의 품격을 보여주는 아주 중요한 요소입니다.

얼굴은 의학의 힘을 빌릴 수 있고 옷과 명품은 돈의

힘을 빌릴 수 있지만, 말의 습관은 돈도 한 푼 들지 않는데도 쉽게 바뀌지 않는 것 같습니다. 저도 어릴 적 그랬던 적이 있으니까요. 저도 기분이 나쁘면 나쁜 대로, 화가 나면 화가 나는 대로 함부로 말을 하고 다닌 적이 있었습니다. 그 때 저 또한 마치 이 캠퍼스 친구들처럼 어른들이 저를 보고 놀라는 모습을 보았던 기억이 납니다. 어느덧 20대가 넘어 어른이 된 나를 돌아보니 이래서는 안되겠구나 다짐하고 예쁜 말을 쓰기 위해 부단히도 애써서 습관을 바꾸었습니다. 말씨를 아름답게 고치는 것은 아마 이렇게 스스로 충격을 먹고 의식적으로 고칠 때 가능한 일입니다. 아무튼 저를 스쳐간 젊고 아리따운 그녀들이 이제 얼굴만큼 아름다운 말을 하기를 바라고 있습니다.

말 의
센 스

아무튼 말을 잘하는 것이 중요한 시대입니다. 말만 센스있게 잘해도 면접에서 취업을 잘할 확률이 높고, 좋은 배우자를 얻을 확률도 높아질지 모르니까요. 말은 사람의 마음을 얻는 경쟁력의 요소입니다.

저의 별명 중 하나가 '사이다'입니다. 사이다처럼 시원하게 말한다는 것입니다. 제가 학교 다녔던 때를 떠올려 보면 직선적인 성격 때문에 다른 사람들에게 서스럼 없이 이야기하곤 했습니다. 지금 생각하면 솔직해서 좋다고 하는 사람들도 많았지만 마음이 여린 사람들에게는 폭력이나 다름 없었을 것입니다. 친구 중 한 명은 그때 저의 말 한 마디에 큰 상처를 받았다고 하기도 했으니까요. 그 당시에는 사실대로 말하는 게 뭐가 잘못이지? 라는 생각을 가졌었습니다. 말의 효력에 대해 매우 무지했던 시기였습니다.

교육학을 공부하고 학생들을 가르치고 아이들을 키우다보니 칭찬처럼 좋은 것이 없다는 것을 알게 되었습니다. 그리고 칭찬에도 기술이 필요하다는 것도 알게 되었지요. 그것이 바로 조사의 쓰임입니다. 예를 들어 "민정아, 너는 옷은 잘 입어."라고 말하는 것과 "민정아, 너는 옷도 잘 입어."라고 말하는 것은 아주 작은 뉘앙스지만 받아들이는 사람에게는 크게 다가올 수 있습니다. 첫 번째 문장은 칭찬을 받았어도 시원한 기분은 들지 않습니다. 두 번째 문장은 듣는 사람의 입장에서 자신이 옷도 잘 입고 다른 것도 잘한다고 생각되게 합니다.

그 말을 들은 민정이의 마음은 바로 순간 태평양처럼 넓어지게 되겠지요. 조사를 어떻게 쓰느냐에 따라 칭찬이 될 수도 있고 비꼬는 말이 될 수도 있으며 욕이 될 수도 있습니다. 말을 하면서 이 조사를 잘 쓰기 위해 저는 많이 노력했습니다.

15년 전 즈음 한참 공부할 때 읽게 된 책이 한 권 있습니다. 지금은 중고서적에서 조차 어렵게 찾아야 구할 수 있는 책입니다. 바로 로버트 로젠탈(Robert Rosenthal)과 레노어 제이콥스(Lenore Jacobson)가 저자인 '교실에서의 피그말리온(PYGMALION IN THE CLASSROOM)'이라는 책입니다. 이 책이 저에게는 인생 책과 같은 아주 소중한 책이 되었습니다. 몇 번을 읽어도 새로 읽는 것처럼 내용이 좋아서, 얼마 전 교사로 임용되어 제주로 내려가는 제자에게도 어렵게 구입해 선물을 했습니다. 책에는 교사의 기대나 칭찬이 어떻게 학생의 성장에 미치는지에 대한 선한 영향에 대한 글들을 연구결과에 입각해서 알려주고 있습니다. 학생에게 따뜻한 말 한마디를 건네는 능력은 교사에게 아주 중요한 요소입니다. 그 책을 선물한 것은 그 제자가 따뜻한 말을 건네는 스승으로 성장하길 바라는 마음에서였습니다.

칭찬만큼 또 하나 중요한 것이 바로 '공감'입니다. 한때 EQ지수라고 우리나라를 떠들썩하게 했던 수치가 있었습니다. '공감지수'라고 사람과의 관계에서 얼마나 공감을 잘하는지를 수치로 계산하는 것입니다. 누군가 내 이야기에 고개를 끄덕이며 "맞아, 나도 그런 적이 있었어."라는 한마디를 해주었을 때, 나도 모르게 마음이 녹았던 경험이 없으신가요? 이 공감 능력을 뛰어나게 타고난 사람들이 있습니다. 그러나 공감도 결국은 대화하는 커뮤니케이션 방법에서 비롯된다고 할 수 있습니다. 어찌보면 연마해야 할 대화의 스킬이자 화법인 것입니다. 상대방의 이야기를 잘 들어주고, 그에 맞는 리액션과 칭찬을 아름다운 말로 하는 것. 그것이 바로 세련된 화법을 갖춘 사람일 것입니다.

나이가 지긋한 어른이 되었어도 마음은 여전히 어린 아이와 같은지 누군가 나에게 싱긋 웃으며 눈을 맞추고 공감해주었으면 좋겠습니다. 누군가 나의 작은 장점을 알아보고 칭찬해주었으면 좋겠습니다. 나도 그렇게 해주고 싶습니다.

가끔은
쉬어가도 괜찮아

주변에서 저를 '비타민'이라는 고마운 별명으로 불러주기도 하지만, 별명에 무색하게도 저 역시 열심히 살다 보면 갑자기 무기력해지는 순간들이 찾아옵니다.

아주 최근의 이야기를 하자면 코로나로 레슨이 줄고 계약되었던 외부 특강들이 취소되었을 때 무척 당혹스러웠습니다. 처음에는 모든 것이 취소되고 연기되니 참으로 우울하더군요. 나의 잘못으로 인한 것이 아니지만 속수무책으로 연기되는 일들을 보면서 마치 내가 패배

자 같이 느껴졌습니다.

　한동안 그렇게 우울한 시간을 보내다 생각을 달리 고쳐먹기 위해 평소에는 하지 않는 일들을 했습니다. 특히 기분전환으로 제가 자주하는 일은 밖으로 나가 사람구경을 하는 겁니다. 시끌벅적한 시장에도 가고, 한적한 카페도 가고, 때로 노숙자들이 있는 곳에도 갔습니다. 한참을 멍하게 앉아 다른 사람들은 어떻게 사는지 관찰하면서 한템포 숨고르기를 하는 겁니다. 이 많은 사람 중에 나는 누구인가, 사람들이 이렇게도 살고 저렇게도 사는데 두려울 것이 뭐가 있나, 하는 생각도 해봅니다. 한번은 큰 맘을 먹고 비싼 호텔에 가서 '호캉스'도 하고 고급 식당에 가서 식사를 했습니다. 평소보다 더 럭셔리한 곳에서 맛있는 음식을 먹으며 저 스스로에게 말했습니다. 그 동안 수고했고 고생한 너에게 내가 주는 선물이라고 말입니다.

　무언가 안될 때는 기를 쓰고 하려 말자, 안 될 때는 잠시 쉬라는 신의 계시이니 잠깐 쉬면서 그동안 못했던 걸 누려보자, 이렇게 저를 토닥여 주었습니다. 충분히 위로를 받은 저는 다시 마음을 고쳐 먹기로 했지요. '아, 50쯤 되면 터닝포인트를 찾고 싶었는데 오히려 잘됐다.' 하고 말입니다. 요즘에 '오히려 좋아' 라는 말이 유행이더군요. 저도 이 말을 자주 써보기로 했습니다. 예상하지 못했던 일이 생겼나요? 오히려 좋은 일입니다.

" 무언가 안될 때는
기를 쓰고 하려 하지 말고 잠시 쉬자.

오히려 좋아. "

U턴해도
괜찮아

큰 딸이 퇴사 후 새로운 직장을 구하기 위해 고군분투 하고 있을 때의 일입니다. 자신만만하던 20대 초반의 모습은 사라지고 초조하고 서두르는 모습이 눈에 들어왔습니다.

"이게 안 되면 어쩌지? 남들보다 늦으면 어쩌지? 나이가 꽉 차도 자리를 못 잡으면 어쩌지? 연봉을 많이 받고 싶은데 이것 밖에 안 된다고? 서른이 되기 전에 이루고 싶은 게 많은데 다 할 수 있을까?"

비단 저희 딸만의 고민이 아니라 요즘 20대들의 공통된 고민일 것입니다. 어떻게 살아야 잘 사는 것인지, 어떤 방향이 맞는 방향인지 갈 바를 알지 못할 때를 자주 맞닥뜨리죠. 아직 마음속에 사는 철없는 어린아이와 현실 속 어른의 치열한 줄다리기가 계속 되기도 합니다. 고민 없는 청춘이 어디있을까요? 어디에도 없을 것입니다.

　너무 서두르면 중요한 것들을 놓치기 마련입니다. 잠시 떠나는 여행을 떠올려 보세요. 꼭 서두르면 무엇이든 물건 한두 개는 빼놓고 오게 됩니다. 서두르다 어떤 사건이 생겨 오히려 여행이 더 늦어질 때도 있습니다. 인생은 짧은 여행보다 훨씬 긴 여정이니 서두르지 말고 조금 여유 있게 준비해도 늦지 않습니다.

　또 인생은 운전과도 같아서 길을 잘못 들어서면 U턴을 해야 하고, 때로는 내비게이션이 고장 나 길이 아닌 곳을 고생하며 가기도 합니다. 그런데 운전을 해서 가다가 종종 길을 잘못 들어갔어도 우리는 별로 놀라지 않습니다. 어디서든 다시 유턴할 길이 있다는 것을 믿으니까요. 그러니 저는 헤매는 청춘들에게 이렇게 이야기해주고 싶습니다. 목적지만 정확하면 어떻게든 도착할 길이 있다고 말입니다. 방향이 정확하면 조금 늦어도 돌아 돌아 그곳에 도착하게 되는 것입니다. 단 한 가지 중요한 것은 목적지를 설정하는 것은 꼭 내가 해야 한다는 것이겠지요. 유턴을 하더라도 내가 어느 곳을 향해 가고 싶은지는 알고 있어야 한다는 이야기입니다.

인생은 100년을 42.195km로 나누어 걷는 긴 여정의 마라톤입니다. 결코 빨리 가는 것이 중요한 것이 아니라 목적지가 중요합니다. 오늘은 내 인생의 마라톤이 어디로 향하면 좋을지 생각해보는 날이었으면 좋겠습니다.

나야 나

저는 7080 세대임에도 불구하고 듣기만 해도 가
슴이 뭉클뭉클해지는 아이돌 노래가 있습니다. 바로
PRODUCE101의 '나야 나' 라는 노래입니다. 물론 이
멤버 중 제가 좋아하는 제자이자 가수가 있기 때문이기
도 합니다.

이 곡의 노랫말에는 "이 밤의 주인공은 나야 나"라는
구절이 있습니다. 듣는 순간 멈춰있던 심장이 다시 쿵쾅

거리고 가슴 깊이 와 닿아 이 부분만 몇 번을 반복해 들었는지 모르겠습니다. 우리는 살면서 이 삶이라는 무대에 주인공이 나라는 생각을 정말 하고 있을까요? 현실에 치여 한 치 앞만 보고 그냥 흘러가는 대로 사느라 급급하지는 않은가요?

꿈은 살다보면 있다가도 없어지기도 하고, 수시로 바뀌기도 합니다. 어렸을 때 꿈이 대통령이었다가 크면서 각자의 길을 따라 바뀌는 것처럼 말이지요. 그러나 어느 순간 살기가 바빠서 소망도 꿈도 없이 살아가고 있지는 않나요? 그것이 내 삶의 주인공에게 가장 큰 위기일지 모릅니다.

우리는 다른 사람들의 이야기는 잘 들어주면서 정작 나의 내면의 소리에는 귀 기울이지 못하는 경우가 많습니다. 다른 이들이 말하는 그럴듯한 이야기를 듣고 얇은 귀를 팔랑거리는 일은 쉽습니다. 때론 남들이 우르르 몰려가는 일에 나도 한 자리 비집고 들어가서 티나지 않도록 군중 속에 숨고 싶기도 하지요. 그러나 막상 그 길의 끝에 다다랐더니 그곳에는 아무것도 없고 '아, 내가 원한 건 이게 아니었는데'라는 생각이 든다면? 그때는 이미 너무 늦어버렸을지도 모릅니다. 사람들 뒤꽁무니를 따라 너무 먼 길을 생각없이 가버렸을 때, 실은 아무도 책임져 주지 않습니다.

언제나 나의 힘으로, 내가 선택하고 결정하는 연습을 해야 합니다. 갈래길 앞에서 왼쪽 길로 갈지, 오른쪽으로 갈지 망설여진다면 그럴 때 모든 것을 멈추고 진짜 내 마음이 하는 말을 들어보세요. 모두가 '예스'라고 해도 내 마음이 '노'라면, 나는 나의 길을 가는 겁니다. 대부분은 시간이 지나 그래 그때 '노'라는 선택이 맞았구나, 하고 나를 칭찬해줄 때가 올 것입니다. 마음은 거짓말을 하지 않으니까요. 내 삶에 진짜 중요한 것은 다른 누구, 다른 무엇이 아니라 '나'이니까요. 남에게 기대는 형태로는 튼튼한 뿌리를 내릴 수 없습니다. 오롯이 나로, 진짜 나의 모습으로 땅에 발을 딛고서야 자신의 뿌리를 내릴 수 있는 것입니다.

어려운 일인 것을 압니다. 그래서 저 역시 여전히 나의 본연의 모습으로 살기 위해 애쓰고 있습니다. 오늘도 그 노래를 들으며 생각해봅니다.

나 권순정이야!
내 인생 무대의 주인공은 나야 나!

Chapter 3

좋은 어른이고 싶습니다.

좋은 선생이 되기 위해,
좋은 어른이 되기 위해,
인생을 더 잘 살기 위해서

나는 생각합니다.

마미

학생들을 가르치다 보면 유난히 저와 호흡이 잘 맞는 학번이 있기 마련입니다. 많지는 않지만 몇 년에 한번 꼴로 그런 학생들이 들어오곤 하지요. 그 친구들이 저를 부르는 애칭이 있습니다. 바로 '마미'와 '어무이'라는 호칭이지요. 학생들이 제가 엄마처럼 편하게 느껴진다고 이야기 하더군요. 나도 모르게 학생들이 내 자식같아 마음과 애정을 쏟다보니 그런 애칭이 생기지 않았나 싶습니다. 저를 믿고 따르는 학생들은 곧잘 마미라고 부르는 것을 봅니다.

그러다 보니 제게 연애상담도 하고, 진로상담도 하고, 가정상담도 합니다. 어디서도 편하게 하지 못할 이야기들을 제 앞에서는 술술 털어놓기도 했습니다. 저는 심도 있게 들어주지는 않습니다. 그냥 쿨하게 들어줘요. 요즘 친구들이 좋아하는 스타일로 말입니다. 그렇게 학생들의 이야기를 듣고 제가 조언해 줄 수 있는 부분들은 정말 엄마의 마음으로 또는 교수의 마음으로 조언합니다. 상담해주기 어렵다고 생각되는 문제들은 그냥 들어주기만 할 때도 있습니다. 그럼에도 불구하고 학생들은 저와 이야기 나누는 시간을 참 좋아해 주어서 저도 고마울 때가 많습니다.

술을 사달라고 연락하는 학생들도 있습니다. 가끔 집 앞에 찾아오면 같이 삼겹살도 구워 먹고, 맛집도 가고, 소주도 마십니다. 그러면서 이런 저런 얘기를 두런두런 하는 겁니다. 별로 특별하거나 다른 것은 없습니다. 그럼에도 저와의 시간을 좋아해 주어서 다행이라 생각합니다. 가끔 의리가 있는 친구들은 저와의 관계가 굉장히 오래 지속되기도 하지요.

졸업을 하고 지금까지 제게 마미라고 부르며 찾아오는 친구들이 있습니다. 정말 자식처럼 눈에 넣어도 아플 것 같지 않은 그런 제자들도 있고, 또 아픈 손가락도 있습니다. 모든 관계에 적용되겠지만 사람이 사람을 만나고 알아가는 일에는 진솔함과 편안함이 무기가 되는 것이라고 줄곧 생각해 왔습니다. 사람들은 외모가 예쁜 사람도 좋아하고, 능력이 출중한 사람도 좋아하겠지만 사실은 '마음을 편안하게 해주는 사람'을 가장 좋아하기 마련이니까요. 가능하면 솔직하게, 내 진심을 보여주고 편안하게 해준다면 깊고 오래 가는 사이가 됩니다. 반면에 수박 겉핥기식의 만남을 이어가고, 서로에게 가면 쓴 모습을 보여준다면 그 관계는 결국 삐걱거리다 멀어지고 만다는 것을 압니다. 정확하고 분명한 것을 추구하는 제 성격이 관계를 맺는 것에도 안하느니만 못하는 만남은 하지 말자라는 지론을 가지게 했습니다. 누구를 대하든 언제나 가면 쓰지 말고 나 권순정의 있는 그대로의 모습으로 대하려고 합니다. 그래서 가끔은 나와 안맞는 사람들이나, 나를 싫어하는 사람이 있다 해도 아쉬울 것이 없었습니다. 나는 진심이었고 나의 있는 그대로의 모습으로 대했으니까요. 다행히도 내 진심을 알아주는 사람들이 더 많이 생기고 있습니다.

저는 '마미'라는 애칭이 마음에 듭니다. 엄마라는 단어보다 나를 편안하게 해주는 단어는 없으니까요. 이 애칭으로 오래도록 불러지기를 바라고 있습니다.

손 편 지

저는 학교에서 강의를 시작한 이후부터 줄곧 좋은 교수가 되고 싶은 욕심이 있었습니다. 욕심이겠지만 될 수 있다면 인간적인 교수, 아이들에게 희망을 주고, 동기부여를 잘하는 교수가 되고 싶었지요. 학생들에게 자신감을 주고, 때로는 자신의 뒤를 돌아볼 수 있도록 만들어주는 교수로 소통하고 싶었습니다.

학생들과 이런 부분에서 소통할 수 있는 방법이 무엇이 있을까 고민하다가 문득 편지를 선택했습니다. 저는 원래 손편지 쓰는 것을 굉장히 좋아하거든요. 그래서 거리낌이 없었습니다. 그렇게 종강하는 날 학생 한 명, 한 명에게 편지를 쓰기 시작했습니다. 편지에는 수업시간에 그 학생에게 느꼈던 장점, 조금 더 노력해 주었으면 좋겠다고 생각하는 점, 학생의 미래는 어떻게 펼쳐 지면 좋겠다는 조언 등 여러 가지 이야기를 적어주곤 합니다.

오래 살아보니 그 때는 몰랐던 것들을 많이 알게 됩니다. 저는 재수를 해서 대학을 갔습니다. 그래서 남들보다 1년이 늦어졌다고 생각했는데, 살아보니 재수를 했다는 것이 제 인생에 크게 작용한 적이 단 한 번도 없습니다. 불이익을 당하거나 어떤 시스템 안에서 느리다고 생각된 적도 없었습니다. 그런데 학생들은 1년이 아주 긴 시간으로 느끼기도 하고, 조금만 늦어지면 큰 일이 날 것만 같은 생각을 하기도 하지요.

괴테가 말한 것처럼 인생에는 속도보다는 방향이 중요합니다. 내가 얼마만큼 정확한 방향으로 가느냐에 따라 시간 또한 자연스럽게 줄일 수 있게 되는 것입니다. 내 인생을 아무리 빨리 과속해서 움직여도 방향이 맞지 않으면 멀리 가서 다시 유턴을 해야 하는 것처럼 말이지요. 조급해하지 말고 너의 방향을 지켜라, 이것이 제가 학생들에게 보내는 손편지에 주로 담았던 이야기입니다.

몇 년이 흐른 뒤에 저의 손편지를 받았던 한 학생이 찾아와서 이야기 했습니다. 그는 저의 편지 덕분에 힘들었던 마음을 잡고 학교도 졸업하고, 취업도 이겨낼 수 있었다고 말입니다. 그렇게 생각해주다니 학생에게 정말이지 고마운 생각이 들었습니다. 그리고 저는 이날 이후로 학생들에게 더 자주 편지를 씁니다. 왜냐고요? 저의 짧은 편지 하나, 내가 너에게 관심을 가지고 있다는 표현 하나로 한 학생의 삶이 좋은 방향으로 흘러갈 수 있다면 안할 이유가 전혀 없으니까요. 저는 이렇게 그냥 스쳐 지나 갈 수 있는 인연을 편지 하나로 오래 붙잡아 두고는 합니다.

" 인생은
속도보다는
방향 "

할 수 없는 것을
도전하게 하는 것

학교에서 강의를 하다 보니 '당신의 교육철학은 무엇입니까?'라는 질문을 종종 받습니다. 교육철학이라니 다소 거창하게 느껴지지만 어쨌든 춤을 가르치는 나의 철학은 '학생들이 못하는 것, 안 되는 것을 할 수 있도록 가르치는 것'입니다. 가끔 학생들은 이렇게 말합니다.

"교수님, 저 진짜 춤을 못 추는데요. 이런 저도 할 수 있을까요?"

그럼 저는 이렇게 대답합니다. 네가 못하는 걸 할 수 있도록 하는 것이 내 역할이라고, 이번 학기가 끝날 때까지 내가 너를 자유자재로 움직일 수 있게 할 순 없어도 스텝은 뛸 수 있게 해준다고 약속합니다. 학생들의 기량은 천차만별이기에 한 학생의 기준에 맞추면 안 된다는 것을 수없이 티칭하며 깨닫고 얻은 저만의 솔루션입니다.

저는 수업시간에 절대 야단치지 않습니다. 몸이 움직이는 것은 야단친다고 되는 게 아니거든요. 저 친구가 발을 어떻게 놓길래 이 스텝이 안 되는 건지, 어느 부분에서 동작을 놓쳐서 음악을 못 따라가는지, 어느 부분에서 빨라져서 앞서가는지 파악하는 것이 제 일입니다. 그리고 조금씩 틀린 것들을 수정하고 보완하게 해 주는 것이 저의 역할입니다.

하지만 쓴소리를 할 때도 있습니다. 바로 노력하지

않을 때입니다. 자신이 못하는 것도 알고, 모르는 것도 아는데 배우려고 조차 하지 않을 때 쓴소리를 하곤 하지요. 저는 언제나 '댄스는 누구나 할 수 있는 것'이라고 말합니다. 댄스는 노래보다 쉬운 것이다, 노래는 목소리와 성량을 타고나야 하지만 댄스는 음악에 맞춰서 정해진 대로 몸을 움직이기만 하면 되는 것이다 라고 말이지요. 그러니까 잘하지 못해도 좋으니 최소한 노력하라고 말입니다.

물론 댄스도 타고 나야 하는 것이 있습니다. 춤에 재능을 타고난 학생들은 빼어난 춤선과 리듬감을 자랑하곤 합니다. 그렇지만 제 수업은 잘 추는 것이 아니라 '잘 안되는 것을 되도록 도전하는 것'에 그 의의가 있습니다. 비록 잘하지 못해도 잘하고 싶어하는 학생을 보면 저는 언제나 입이 마르도록 칭찬을 해줍니다. 신기하게도 그러다 보면 정말 잘하는 날도 오니까요. 칭찬은 고래도 춤추게 한다는 말처럼, 격려 한마디가 정말로 우리를 '춤추게' 한다는 것을 저는 알고 있

습니다. 절대로 안될 것 같다고 하던 것을 한 발짝이
라도 되게 만들어 줄 수 있다면, 수업에서 나의 역할을
다한 것입니다.

투 자 하 는
일

사람들은 해보지도 않고 안된다고 말할 때가 있습니다. 어떠한 결과를 내기 위해서는 그 사람의 노력과 시간적, 경제적인 투자가 반드시 필요합니다. 그런데 사람들은 투자는 하지 않으면서 많은 결과와 그런 결과를 낸 사람들을 부러워하곤 합니다.

저의 한 친구가 영월에서부터 저희 학원으로 몇 년 전에 댄스스포츠를 배우러 왔던 일이 있었습니다. 이 친구는 영월에서 에어로빅 학원을 운영하고 있었는데 학원 운영만 맡아서 하고, 강사를 다른 곳에서 구해오는 형식으로 운영 중이었습니다. 그런데 어쩌다 학원의 선생님은 그만두고, 회원들은 다른 학원을 찾아 떠나버렸습니다. 그렇게 이 친구는 엄청난 피해를 떠안게 되었던 것입니다.

그때 저는 이 친구에게 학원을 운영하려면 결국은 원장이 춤을 출 줄 알아야 한다고 이야기했습니다. 그랬더니 진짜 영월에서 서울까지 학원을 오가며 댄스스포츠를 배우기 시작한 것입니다. 얄팍한 저의 생각으로는 영월에서 서울까지의 거리가 너무 멀기 때문에 몇 번 나오다가 그만두지 않을까 하고 생각했습니다. 그러나 친구는 자격증을 딸 때까지 성실하게 학원에 나왔습니다. 매주 버스를 타고 수업시간 보다 항상 일찍 와서 연습을 하고, 수업이 끝난 뒤에도 항상 늦게까지 연습하고 돌아갔습니다. 시간을 투자하고, 열정을 쏟아 붙고, 노력을 곁들였습니다. 지금은 영월에서 댄스스포츠 학원을 차려서 잘 운영되고 있다는 기쁜 소식을 전해오고 있습니다.

이 친구를 보니 저도 많은 생각이 들었습니다. 노력이라는 진부한 가치를 새롭게 깨닫게 되었다고나 할까요. 그 친구, 늦은 나이에 직접 몸으로 하는 댄스를 배운다니 얼마나 막막했을까요. 그것도 기초부터 시작해서 강사 수준으로 배워야 한다니, 경제적인 피해까지 입은 상황에서 쉬운 일이 아니었을 겁니다. 그녀가 영월에서 서울까지 오고 간 거리와 시간과 비용들이 그 친구에게 충분한 보상을 가져다주는 것을 보니 함께한 저로서는 뿌듯한 시간이었습니다. 그녀가 잘 된 것이 나는 참 좋습니다.

좋은 어른이고
싶습니다

학생들을 데리고 공연을 하는 많은 단체나 기업들이 가끔 대가 없는 희생, 혹은 열정 페이를 요구할 때가 많습니다. 경력을 만들어 준다는 이유로 말입니다. 하지만 저는 그렇게 학생들을 대하고 싶지 않았습니다. 그래서 처음 외부공연을 할 때도 후원과 협찬을 받은 비용으로 공연 대관료를 내고 학생들에게 필요한 의상을 지원해 주고, 출연료도 주었습니다. 비록 큰 돈은 아니지만 스텝으로 참여한 학생들에게도 수고비를 주었습니다.

일을 했으면 당연히 그것에 대한 대가를 주어야 한다고 생각해 왔으니까요. 저는 그래서 학생들이 무엇을 하든 그것에 대한 대가를 꼭 지불했습니다. 그래야 함께 하는 학생들도 만족해하고 더 열심히 하게 될테니까요. 대가를 받기 때문에 더 프로답게 행동하게 되는 것입니다.

제가 이렇게 하자 학생들도 저에게 반응하기 시작했습니다. 관계가 더 돈독해졌고, 저를 믿고 따라오기 시작했습니다. 그때 함께 공연했던 친구 중에 저에게 어머니라고 부르는 친구가 있었습니다. 저도 이 친구에게 아들이라고 부릅니다. 이젠 서른이 넘은 어엿한 청년이 되었는데 이 친구가 최근에 찾아왔습니다. 그때 함께 공연했던 팜플렛을 들고 말이죠.

'당신의 추억을 꺼내드립니다' 라고 쓰여 있던 그 팜플렛을 보니 옛날 생각이 났습니다. 공연은 시대 별로 유행했던 춤을 다시 안무해서 추는 컨셉이었는데 80년대부터 2000년대까지 춤을 쭉 이어서 보여주는 무대였습니다. 당시 관객들에게 스토리텔링이 감동적이었다는 평가를 많이 받았던 좋은 공연이었지요. 이 친구가 거기서 스토리텔링을 맡아서 기획했던 친구였습니다.

이 친구가 말하길 그때 그 공연을 계기로 자신도 사회생활을 할 때 누구든지 정당한 대가를 주려고 하고, 후배들과 일을 해도 자신은 가져가는 것이 없어도 후배들은 챙겨주려고 노력한다는 말을 하더군요. 제가 보여준 행동 덕분에 아들같은 이 친구의 생각도 행동도 바뀌게 된 것입니다. 당연한 일인데도 왠지 뿌듯한 생각이 들었습니다.

교육자가 되기로 마음 먹은 다음부터는 늘 '좋은 어른이 되어야 한다'는 생각이 약간의 마음의 부담으로 자리하고 있습니다. 그러나 좋은 어른이 되는 것은 그저 마땅히, 당연히 해야 할 일을 실천하는 일이 아닌가 하는 생각을 합니다. 어쩌면 내가 한 사소한 실천 하나가

퍼지고 퍼져 이 사회 한 부분을 바꿀지도 모르는 일이
니까요. 아주 작은 일부분이라도 말입니다.

돈 을
벌 고   싶 어 졌 습 니 다

저는 경제관념이 많은 사람은 아닙니다. 원래 돈 자체에 관심이 많은 사람도 아니었지요. 어떤 물건을 살 때도 이게 비싼 건지 싼 건지 잘 모르고 구매하는 경우가 많았습니다. 대부분 어떤 것이 마음이 들고, 제 기준에 비싸다고 느껴지지 않으면 대체로 별 의심 없이 구매하는 편입니다.

특별하게 돈을 악착같이 많이 벌고 싶다는 생각을 해

본 적도 없었습니다. 제가 생활하는 데 어려움이 없는 만큼만 벌 수 있다면 좋겠다고 생각해 왔습니다. SNS에서 비싼 명품을 몸에 지니고 다니는 친구들을 보면 어쩌면 쉽게 부러워질 수도 있는데 요즘 유행하는 노래 가사처럼 저는 진심으로 그런 것들은 하나도 부럽지가 않았습니다. 저에게 그것은 별로 필요가 없는 물건이기 때문입니다. 물건은 단지 물건으로서의 역할을 잘 해주면 된다고 생각하고 있습니다.

그런데 학생들과 공연을 하고, 해외 공연을 다니면서는 태어나서 처음으로 돈을 많이 벌고 싶다는 생각을 했습니다. 예체능이라는 것이 레슨도 돈이요, 오디션도 돈, 의상도 돈, 공연도 돈이었기 때문입니다. 제자들이 이런 경제적인 장벽에 부딪혀 어려움을 겪는 것을 볼 때마다 저는 '아, 내가 큰 집을 사서 그 지하에 공연장을 만들 수 있다면, 그 곳에서 우리가 마음껏 공연할 수 있다면 얼마나 좋을까' 하는 공상을 했습니다. 학생들이 돈과 상관없이 무대에 계속 설 수 있는 발판을 만들어

주고 싶다는 생각을 한 것입니다.

또 돈을 많이 벌고 싶어진 때는 어린 여학생들이 돈이 없어 생리대를 못산다는 이야기를 들었을 때입니다. 딸을 둘이나 둔 저에게는 그 이야기가 참으로 충격으로 다가왔고 마음이 아팠으니까요. 돈을 더 벌어 많은 여학생들에게 생리대를 지원해주고 싶다 하는 생각을 하고 있습니다.

또 돈을 벌고 싶은 이유는 저 자신을 위해서도 생겼습니다. 나이가 들수록 하고 싶은 일이 계속 생겼으니까요. 그중에 하나는 언젠가 크루즈를 타고 여행을 다니며 세계 각 나라 사람들과 마음껏 춤을 춰보고 싶습니다. 그 곳에서는 더 멋진 옷을 입고 자유롭게 춤추고 싶습니다.

지금 꾸는 꿈들을 이루고 돈을 벌어 이 모든 것들을 죽기 전에 다 해봐야겠습니다. 이렇게 나중에 어느 곳에 돈을 쓸 것인지 계획하는 것은 아직 그 돈이 있지도 않다고 하더라도 인생이 더 재밌어지고 활력이 생기는 요소입니다. 꿈많은 아줌마로 사는 것은 재미있는 일입니다.

배경과 전경,
스포트라이트와
그림자

저는 학생들과의 수업 중에 중간고사는 배운 그대로
를 실연하게 합니다. 하지만 기말고사는 팀을 구성하고,
함께 스토리를 만들어 춤을 추게 합니다. 이때 마다 친
구들의 무궁무진한 상상력과 창의력에 매 순간 놀라곤
하지요. 사실 기말고사의 시험을 이렇게 만든 이유는 여
러 가지가 있겠지만 학점이 달린 평가 앞에서 소외되는
친구들이 없길 바라는 마음이었습니다. 무엇보다 종합
예술이라는 연기를 하는 친구들이 무대에 섰을 때, 결

코 나 하나만 잘한다고 성공적인 무대와 공연이 되지 않는다는 것을 알기 바라는 마음이 컸기 때문입니다.

'전경(前景)이 아름다운 것은 배경(背景)이 있기 때문이다', 유영만 교수님의 이 말을 저는 참 좋아합니다. 공연이라는 것이 독무, 독주, 1인극을 하더라도 그 무대와 공연을 위한 배경 즉 연출, 무대, 조명이 필요하며 그 외에도 뒤에서 애쓰는 수많은 스텝을 필요로 합니다. 무대와 공연 뿐 아니라 우리가 살아가는 삶 자체가 홀로 살 수 없는 구조에 둘러싸여 있지요.

세상이라는 무대 위해서 한 사람이 모든 것을 다 잘할 수는 없습니다. 그래서 때론 나의 영역에서 내가 전경(前景)이 될 수도 있고, 내가 잘하지 못하는 분야에서는 전경(前景)을 빛나게 만드는 배경(背景)이 될 수도 있습니다. 공연 무대에서 주인공이 빛나는 이유는 그를 받쳐주는 수많은 조연과 스텝이라는 배경(背景)이 있기 때문입니다. 이처럼 인생은 팀 과제이자 공연무대와 같습니다. 내가 가장 잘하는 것을 하면 됩니다.

전경(前景)은 전경이라 그 자체로 충분히 좋고, 배경(背景)은 전경을 아름답게 빛나게 만드는 힘이 있기에 고귀한 것이니까요. 우리는 오늘도 우리 삶의 전경과 배경을 오가며 살아가고 있습니다.

할 수 있는
최선으로

라디오 동작 FM의 '댄서의 순정'을 진행한지도 벌써 8개월이 되었습니다. 다양한 사람들을 만나 춤과 노래 뿐 아니라 그들의 삶을 공유하면서 배우는 게 훨씬 많은 참 좋은 프로그램입니다.

얼마 전 나이답지 않게 자신의 길을 잘 개척하여 성취의 기쁨과 성공의 희열을 느끼고 있는 제자를 게스트로 초대했습니다. 물론 누구나 열심히 자신의 길을 잘 개척

해서 살고 있지만 이 친구는 조금 어려운 환경 속에서 목표를 잃지 않고 성장한 것이 무척이나 기특했습니다.

이 친구와 라디오 방송을 하며 대화를 나누는 동안 저는 그간의 좁은 식견에 부끄러워졌습니다. 어려운 환경 속에서 성장한 이 친구는 한 때는 잘 곳이 없어 노숙까지 해봤다고 하더군요. 전공을 살려 성장할 수는 없었지만 다른 길을 선택하고, 공부를 하고 강사가 된 이 친구. 그의 성실함과 실력을 인정받아 팀장이 되고 결국 대표의 자리까지 올라가게 된 것입니다. 자신은 모든 게 느리고 습득도 빠르지 않지만 거북이처럼 꾸준하게 했다고, 너무 가진 게 없어서 한 걸음씩 버티는 것 밖에는 할 수 있는 일이 없었다고 말했습니다. 지금은 여유를 찾고 예전의 자신처럼 형편이 어려운 이들에게 재능나눔을 하고 있는 기특한 이 젊은이. 그가 보이지 않는 곳에서 얼마나 많은 피와 땀, 눈물을 흘렸을지 헤아리니 제 마음이 뜨거워졌습니다.

이 친구는 마지막으로 '노력도 재능이다'라는 말을 남기고 갔습니다. 음, 만약 제가 노숙을 해야할 정도로 어려운 상황이었다면 꿈을 포기했을 것 같습니다. 그가 노력도 재능이라는 말을 한 건 물론 없는 재능을 노력으로 채우라는 말이었겠지만, 사실 '노력하는 재능'도 타고 나야 하는 것일지도 모르니까요. 죽을 듯이 노력하는 일이 나는 결코 쉽지 않을 것 같습니다. 그러나 그와의 만남은 나를 다시 생각하게 했습니다. 나도 내가 할 수 있는 만큼은 최선으로 더 해보자, 내가 할 수 있는 만큼은 주변과 나눠 보자. 이 친구처럼 대단한 사람은 못되어도 '지금의 나'보다는 조금 더 나은 어른이 될 수도 있으니까요. 나의 인생에 남은 할 일들을 생각해봅니다.

죽을 듯이 노력하는 일이
나는 결코 쉽지 않을 것 같습니다.

그래도
지금의 나보다는
조금 더 나아지고 싶습니다.

현실과
이상 사이

현실과 이상은 다릅니다. 저는 대학 시절, 연애를 한다면 어떤 연애를 해야겠다 하는 환상이 있었습니다. 그러나 운도 없이 사귄지 얼마 되지 않은 선배는 군입대를 하고 말았지요. 선배가 훈련소에 입소하는 날은 교양과목 수업이 있는 날이었습니다. 수업이 있는 날 아침까지 고민을 하다가 눈을 떴습니다. 갈까, 말까, 한참을 고민했습니다. 그 전날 선배와 함께 훈련소에 같이 입소하게된 다른 선배는 꼭 오라며 제 몫의 표까지 준비해서 고속버스터미널에 있겠다고 했습니다. 그렇게 아침에 후다닥 정신을 차리고 준비해서 나간 곳은 학교가 아닌 고속버스터미널로 가는 버스 안이었습니다. 저는 그 때까지 전 과목에 결석이 단 하루도 없었던 학생이었습니다. 그 당시는 휴대폰이 없었던 시절이고 삐삐도 제가 대학교 3학년 때 나왔던 것으로 기억합니다. 제가 결석했던 날, 아무도 제가 갑자기 어디로 증발했는지 몰랐지요. 지금 생각해도 재밌었던 추억입니다.

대학 강단에 서면서 제가 결정한 것 몇 가지가 있습니다. 그 중 하나가 출석으로 학생들을 쪼이지 말자는 것이었습니다. 출석을 생각하면 나의 대학시절 생각이 나기도 했고, 대학 생활이 너무 타이트하면 낭만은 사라질 것 같아서입니다. 가끔은 막걸리에 취해, 사랑의 시련에 빠져 허우적거리는 시간도 필요할 겁니다. 길거리에서 울고 불고, 너 없이 못 산다는 주정도 부려보면 좋겠습니다. 그래서 학기 중 한 번은 미리 결석에 대한 의사를 밝히면 결석은 문제 삼지 않고 넘어가기로 했습니다. 더 중요한 그 무엇이 있다면, 한 번의 출석보다 더 가치 있는 경험이 있다면 한두 번의 결석은 그다지 중요하지 않다고 생각을 한 것이지요.

나의 과도한 '이상'이었을까요. 처음 몇 해는 괜찮았습니다. 교수님이 저렇게 말해도 진짜 결석을 하는 친구들이 있었던 것도 아니고, 있다고 해도 1-2명이었습니다. 그런데 해가 거듭할수록 이것을 당연한 권리로 생각하는 학생들이 생겼고, 경쟁에 민감한 학생들의 학점에 대한 압박으로 저에게 과도한 스트레스가 몰려오기도 했습니다. 때로 학업 과제는 수행을 하지 못한 학생들이 오로지 출결 상황에 대해서 민감한 반응을 보이는 일도 있었습니다. 나의 생각과 다르게 출결 문제는 현실이지 이상이 될 수 없었습니다.

세대가 어떤 세대이든 우리는 현실 속에서 모두가 이상을 꿈꾸고 있습니다. 조금은 느슨하게 틀에 박힌 지도자보다는 자율과 책임을 더 부여한 교육을 하고 싶다는 나의 이상과, 사회의 경쟁 체제는 공존하기가 어렵더군요. 어쩌면 저에게는 고객(?)일 학생들의 '컴플레인'을 계속해서 받다 보니 어릴 적 그렸던 캠퍼스의 낭만은 온데 간데 없이 사라지고 말았습니다. 어쩔 수 없이 이제 출결을 잘 체크 하는 교수가 되었지만, 그래도 이들이 옛날의 저처럼 어느 날은 사랑을 찾아 어디론가 훌쩍 떠나보는 날도 있기를 바라고 있습니다. 여전히 가슴 한 켠에는 소심한 이상을 품고 현실을 충실히 살아가렵니다.

식구,
마주 앉아
밥을 먹는다는 것

코로나19 이후 소소했던 일상에 큰 변화가 생겼습니다. 그 중 하나가 학생들과 함께 식사를 하지 못한다는 것이었습니다.

저는 개강을 하면 언제나 교직원 식당에서 식권을 10-20장씩 미리 구입합니다. 식권을 구입하는 이유는 시간이 촉박할 때 학교에서 식사하기 위해서, 또 다른 하나는 학생들을 위해 식권을 구매해 놓는 것입니다.

다 먹고 살자고 공부하고 일하는 것인데 가끔 시간에 쫓겨 밥도 못 먹고 다니는 친구들이 있습니다. 학생들과 마주치면 자연스럽게 버릇처럼 밥을 먹었냐고 묻는데 아직 먹지 못했다는 친구들을 만나면 여지없이 그의 손에 식권을 쥐어 줍니다.

시간에 쫓겨서, 용돈을 아끼려고, 다이어트 때문에 특히 자취하는 친구들은 여러 가지 이유로 끼니를 소홀이 하는 친구들이 많습니다. 그러나 사람에게 먹는 것 만큼 중요한 것이 없습니다. 무엇을 먹느냐도 중요합니다. 먹는 것이 그 사람의 모든 것을 구성한다는 말도 있으니까요. 그래서 컵라면, 삼각김밥, 샌드위치 보다는 교직원식당의 한식이 좋지 않을까 하는 생각에 매번 식권을 구매하게 됩니다.

식(食)거리를 이야기 하다보니 잠시 어릴 적 기억이 떠오릅니다. 제가 먹는 것에 집착 아닌 집착을 보이는 것이 어릴 적 이런 영향 때문은 아닌가 하는 생각에 저도 모르게 입가에 웃음이 머물게 되는 이야기입니다. 저희 집 남매들은 오빠는 저보다 3살 많고, 남동생은 저보다 4살 어립니다. 그 때 동생이 첫 돌이 되기 전이니 아마도 제가 5살 정도의 일입니다. 엄마가 매일 동생의 우유에 수입품 달걀노른자 가루를 타서 주는 걸 보고는 오빠와 저는 우리도 먹고 싶다고 했습니다. 그랬더니 부모님은 아기 우유에 넣는 것이라고 못 먹게 하셨습니다. 이후 어느 날 오빠와 나는 식탁 위의 가루를 몰래 맛보았습니다. 그리고 우리는 그 맛에 순식간에 푹 빠져버렸지요.

어느 날 엄마가 아기의 우유를 타서 동생 방으로 가시는 것을 확인한 순간, 남매는 용감해졌습니다. 그날처럼 뜻이 잘 맞았던 날은 지금까지 없었지요. 어린 두 남매는 재빨리 식탁 의자를 밟고 씽크대에 오른 후 높은 곳에 있는 가루 통을 손에 잡았습니다. 얼른 그곳에서 가루 통을 가지고 내려와 오빠와 손으로 그것을 막 퍼 먹는 순간, 엄마가 나오는 소리에 놀라 가루 통 뚜껑을 제

대로 닫지 못했습니다. 뚜껑이 제대로 닫히지 않은 가루 통을 급하게 다시 원래 자리로 올리려다 통 안에 있던 가루가 미처 다 닫지 못한 뚜껑을 열어젖히며 바닥으로 쏟아져 내렸습니다. 이후 두 남매의 운명은 어떻게 되었을까요? 굳이 설명 안해도 잘 아실거라 생각합니다. 40년이 넘은 일임에도 또렷한 기억이 있는 것을 보면 어린 저에게는 아마도 큰 사건이었나 봅니다. 지금도 남매들이 모이면 웃으면서 이야기하곤 합니다.

아마도 저는 이때부터 먹는 것에 대해선 후해지자는 인생 철학이 생긴 것 같습니다. 먹고 싶은 것을 안주면 그것이 얼마나 한이 되는지 잘 알고 있으니까요. 저희 집 딸도 언젠가 이런 말을 했습니다. 엄마는 다른 것은 단호한데 뭐 먹고 싶다는 것에 대해선 너무 쿨하다고 말입니다.

사람을 만나면 같이 식사를 하고 싶은 사람이 있고, 간단히 차만 마시고 싶은 사람이 있습니다. 같이 밥을 먹는다는 것은 그만큼 친밀도가 높다는 말이기도 하고 아니면 조금 더 가까워지고 싶다는 의중이 담겨 있다고 느껴집니다. "우리 언제 한 번 같이 식사해요."라는 말은 형식적인 말일 수도 있지만 어떻게 보면 호의와 관심의 표현으로 다가오곤 하니까요. 저는 학생들과 같이 밥을 먹으면서 강의실 안에서보다 더 그 친구들의 진솔한 얘기를 들을 수 있어서 참 좋습니다. '행복이란 좋아하는 이들과 함께 밥을 먹는 것이다.'라는 말이 있더군요. 밥이란 그런 마법이 있는 것 같습니다.

지나친 걱정은
내려놓기로
했습니다

　저는 3년 동안 학생들을 데리고 중국에서 공연 할 수 있는 소중한 기회를 얻게 됐습니다. 그 때 마다 한인회 분들은 우리 학생들에게 최선과 최고의 대우를 해주셨습니다. 좋은 호텔, 맛있는 음식, 중국 곳곳의 여행지 탐방까지 하나도 모자란 것이 없었습니다.

　공연 전 중국에 막 도착했을 때의 일입니다. 한인회 분들이 호텔 방을 배정해줬습니다. 아이들은 2인실을 두 명이 쓰게 하고, 저는 교수라고 방 하나를 혼자 쓰도록 배려해 주셨습니다. 그런데 저는 해외에서 혼자 방을 쓸 때면 겁이 많은 터라 너무 무서워서 불을 다 켜놓고 잠에 듭니다. 그때 당시 한참 중국에 대한 좋지 않은 소문도 많았던 터라 더 무서운 생각이 들어, 저는 배려해 주신 것은 감사하지만 학생들과 같은 방을 함께 써도 된다고 말했습니다. 사실은 혼자 자는 것이 무서워서 절대 혼자 방을 쓸 수가 없었던 것이지요.

마침 한 여학생이 저와 함께 방을 쓰겠다고 말해 남학생에게 제 독방을 주고 저는 여학생과 한방을 쓰게 되었습니다. 사실 무섭고 두려운 것은 혼자서 자는 것만이 아니라 그곳에서 하는 모든 것이었습니다. 중국에 아이들을 데리고 공연을 나간 것은 저도 처음이었으니까요. 한인회 분들이 세세하게 잘 살펴 주시겠지만 중국에서 아무 사고 없이 무사히 공연을 잘 마치고 한국에 돌아가야 한다는 생각이 너무 지배적이었습니다. 아주 작은 사고라도 나는 날에는 마치 이 모든 것이 물거품이 된다는 강박도 들었지요. 혹시나 아이들이 무작정 밖으로 나가 혹시 사고라도 나지 않을까 매일 밤 마음 졸이고 노심초사 하던 제 모습이 기억납니다. 아이들에게 밤에 밖으로 나가면 절대 안 된다고, 호텔 밖으로 나가지 말라고 신신당부를 하고, 확인 또 확인을 받았습니다. 그래야만 제 마음이 놓였던 것 같습니다.

다음 날 공연 준비 전이었습니다. 한 남학생이 호텔 로비 앞에서 담배를 피우다 생긴 일을 친구들에게 이야기했습니다. 어떤 남자가 지나가면서 다가와 담뱃불을 빌려 달라고 해서 빌려줬다는 이야기를 전달한 겁니다. 이 이야기를 한 그 학생은 저에게도 혼이 나고, 학생들에게도 질타를 받았습니다.

나가지 말랬는데 왜 나갔냐고, 그 사람이 누군 줄 알고 담뱃불을 빌려줬냐고, 그 담배에 뭐라도 묻어 있었으면 어떡할 뻔 했냐고 수차례 저와 다른 학생들에게 추궁을 받아야만 했지요. 저 스스로도 너무 다그친다 싶었지만 그때 저의 감정은 이루 말할 수 없었습니다. 정말 심장이 위에서 아래로 뚝 떨어지는 느낌, 오만가지 섬뜩한 감정이 교차했으니까요. 제가 데려간 학생에게 멀쩡한 사람이 담뱃불을 빌린 것에 대해 너무 감사하기까지 했습니다.

공연을 마치고 서울에 와서 생각해보니 제가 참 우둔했다는 생각이 드는 것입니다. 어떤 팀이든 규율이나 제도는 필요하지만 그것이 사람을 짓누르면 사용하지 않는 것보다 못하다는 말이 떠올랐습니다. 저는 제 마음이 편하려고 아이들을 호텔 밖으로도 나가지못하게 하며 아주 쎈 규제를 하고 말았으니까요.

아마 아이들의 행동을 지나치게 통제하지 않았어도, 이미 성인인 아이들이 알아서 적정선을 지키며 휴식도 취하고, 호텔 근처에도 나갔다 왔을 것입니다. 어쩌면 이 친구들은 또 다시 중국의 그 도시는 갈 수 없을지도 모르기에 공연에 갔을 때라도 조금 더 누리고 싶은 마음이 있었을텐데 그 기회를 제가 심하게 막은 것 같아 갑자기 부끄럽고 미안한 생각이 들더군요. 물론 여행을 누리다 사고가 나서는 안되겠지만, 내가 너무 지나치게 공포를 조장했다는 생각이 든 것입니다.

그 이후로는 아이들을 조금 더 믿어주려고 했습니다. 신뢰를 바탕으로 한 자유를 누릴 수 있도록 최대한 노력했습니다. 그래서 다음번 아이들을 공연에 데려갔을 때에는 조금 더 제 마음이 편했습니다. 아이들이 위험하게 행동하지만 않는다면 저녁 시간에 약간의 자유를 허용해주기도 했습니다. 물론 아이들을 지키는 것이 나의 몫이기에 안전이 여전히 최우선이기는 합니다. 그러나 '지나친 걱정을 하는 사람은 결코 운전을 배울 수가 없다'는 진실을 스스로 상기하곤 합니다. 지나친 걱정을 하다가 운전도 못하고, 해외로 나가지도 못하고, 집에서 안전하게만 머물러 있다면 그 인생은 공허해지고 말겠지요.

걱정은 걱정일 뿐입니다. 자유 안에서 책임과 질서를 터득하도록 하는 것이 더 현명한 어른의 방법일 것입니다. 내 인생에서 지나친 걱정은 이제내려놓기로 했습니다.

처음
사는 일

"엄마, 우리가 전생을 기억할 수 있다면 얼마나 좋을까? 지금의 생이 두 번째면 지금처럼 버겁지 않을 텐데. 처음 살아보는 거라 너무 버거워!"

작은 딸이 고3이었던 어느 날, 굉장히 진지한 태도로 제게 말했습니다. 아주 큰 망치로 뒤통수를 세게 맞은 것 같았죠. 딸이 어떤 이유로 이런 말을 했을까? 짧은 시간 동안 머릿속에 오만가지 생각이 스쳐 지나갔지만 일단은 태연하게 맞장구를 쳐주기로 했습니다.

"그러게 말이야. 엄마도 두 번째 사는 인생이면 엄마 노릇을 지금보다 훨씬 잘 할 수 있을텐데. 일도 더 잘하고 말이야."

서로의 얼굴을 멍하니 바라보던 그 날, 딸은 저에게 고3이라 너무 힘들다는 말을 하고 싶었을 겁니다. 단 한 번도 어느 대학을 가라고 강요한 적이 없고, 네가 하고 싶은 것을 하면 좋겠다고 줄곧 이야기 해왔지만 고3인 딸에게는 그것조차 스트레스가 되었겠지요.

저 역시 작은 딸의 나이였을 때는 인생이 당황스럽기만 했습니다. 부모님의 기대에 못 미칠까 두려웠고, 재수를 했지만 원하는 대학 진학에 실패했을 때에는 인생이 이대로 끝나는 것만 같았던 기억이 납니다. 내가 무엇을 하고 싶은지도, 무엇을 잘할 수 있는지도 모른 채 처음 살아보는 인생이란 늘 모르겠고, 버겁기만 했습니다. 10대와 20대를 지나 그 이후의 연애와 결혼과 출산 역시 낯설고 힘들기는 마찬가지였습니다. 그렇게 50년 의 세월이 흐르는 동안 얼마나 처음인 일들이 많았는지 주마등을 스쳐 지나갑니다.

이제는 제 나이쯤 되면 난생 처음 해본다 싶은 일은 많지 않고, '연륜'이나 '노련미'라고 하는 것이 생기기 마련입니다. 그런데 어느 날 저는 그것이 두려웠습니다. 내 인생에 더 이상 새로운 것이란 없을지도 모른다는 생각에 말입니다. 이미 다 해본 것, 다 겪어본 것, 다 가본 곳, 그래서 아는 것… 계속 익숙한 일들이 반복되는 인생이라니, 제게 남은 삶이 지루하고 두렵게 느껴진 것입니다. 제가 쉬지 않고 계속해서 새로운 일을 꾸며온 것은 그런 두려움에서 일지도 모릅니다. 댄스 강사에서 체육학 박사로, 복지회관에서 대학으로 도전했고, 국내 공연에서 해외 공연으로, 동작FM 라디오 진행에 도전하고, 얼마 전부터는 한 인터넷 신문사에 칼럼을 기고하고 있습니다. 내 인생이 지루해지지 않기 위해, 저는 부단히도 움직였습니다.

새로운 것에 도전할 때는 이 나이에도 여전히 무언가
서툰 부분이 많고 모르는 것 투성이인 저를 발견합니다.
그러면 생각하지요. 아직도 서툰 일이 있어서 다행이라
고, 아직도 처음인 일이 있어서 감사하다고 말입니다.
처음 가 보는 곳, 처음 해 보는 일, 처음 보는 사람, 처음
배우는 공부란 저를 여전히 설렐 수 있게 만들어 주는
중요한 요소입니다.

딸의 말처럼 우리가 전생을 기억할 수 있다면 얼마나
좋을까요. 미리 알았더라면 좋았을 일, 한번쯤 미리 연
습을 해봤으면 조금 더 잘 할 수 있었던 아픈 일들이 제
인생에 많이 있습니다. 그러나 사실 나에게 '실수할 수
있는 권리'가 있었다는 걸 그때는 왜 몰랐을까요. 돌아
보니 인생이 처음이라 저질렀던 서툴고 어여쁜 실수들
이 내 삶을 풍요롭게 해주었습니다.

나는 이제 처음 해보는 일을 꺼리거나 싫어하지 않게 되었습니다. 제가 가진 작은 연륜이라고 한다면 '처음 해보는 일을 두려워하지 않게 된 능력'이라고 할 수 있겠지요. 내일은 처음으로 신문사에 저의 칼럼이 나오는 날입니다. 나는 인생이 아직도 설렙니다.

돌아보니
인생이 처음이라 저질렀던
서툴고 어여쁜 실수들이
내 삶을 풍요롭게 해주었습니다.

커피향을
좋아하는 사람과
사랑하기를

어제 오늘은 꽤 많은 봄비가 내렸습니다. 예전과 달리
비 소리가 제 마음을 설레게 합니다. 이 설레임을 더 깊
게 느끼고 싶어서 부지런히 웹사이트에 가고 싶은 카페
를 검색했습니다. 강에 비가 내리는 풍경이면 좋겠다고
생각했지요. 도심 속의 비 소리가 아닌 자연 그대로의
비 소리면 더 좋겠다고 생각했습니다. 부지런히 가방을
챙겨 자연과 설레임이 만나는 공간으로 발걸음을 재촉

해 나왔습니다.

세상 일에 치이다 보면 머릿속이 온통 이성적인 절차와 계산들로 가득 차 버리는 것 같습니다. 벌레가 집요하게 갉아 먹듯이 내 삶이 갉히고 있다고 느낄 때마다, 나는 이렇게 근교의 카페로 나갑니다. 오늘처럼 비가 오는 때, 비오는 풍경이 그림처럼 보이는 곳을 찾아갈 수 있다면 더욱 좋겠지요. 매마른 감성을 충전하기에 좋은 날입니다.

빗길을 운전하는 내내 이런 생각에 잠겼습니다. 어느덧 많이 커버린 나의 딸들과 제자들이 연애를 하고 누군가를 사랑할 때는 담배와 술보다 커피 향을 좋아하고, 빗소리를 느낄 줄 아는 사람을 만나면 좋겠다고 말입니다. 빗소리와 커피 향을 좋아하는 사람 치고 감정이 풍부하지 않은 사람은 없기 때문입니다.

궁상맞은 사랑을 하는 것도 싫지만, 가장 순수하고

아름답게 사랑해야 할 나이에 현실에 찌들어 소중한 것들을 놓치지 않으면 좋겠다는 생각을 합니다. 감정이 풍부한 사람을 만나 빡빡한 현실 속에 토닥토닥 서로에게 위안을 가져다주는 사랑이면 서로 기대며 살 수 있겠지요. 봄이 지나 여름이 오면 더운 날 함께 나누어 먹는 팥빙수로도 행복을 느낄 수 있으면 좋겠습니다. 비 오는 날, 두 사람이 우산 하나를 쓰고 걸으며 어깨가 살짝 젖어도 서로를 위해 우산을 내어주는 풋풋함도 있으면 좋겠습니다. 비가 오면 비 소리를 이야기하고, 눈이 오면 쌓인 눈에 첫발자국을 남기며 같이 걸어가는 사람, 커피 향을 두고 서로의 희비를 이야기 할 수 있는 사람을 만나면 좋겠습니다. 오늘은 그런 사랑을 하기에 더없이 좋은 날입니다.

Chapter 4

춤추는 할머니가
되고 싶습니다.

아마 지난 꿈에서 보았던
금발머리 할머니처럼
저도 춤추는 할머니로 늙어가겠지요.

그러고 싶습니다.

깍두기
VS 형사

2001년에는 세상이 떠들썩 했습니다. 밀레니엄 시대를 맞이하며 새 시대, 새 천년이 열린다는 말로 세상이 혼란스러웠지요. 그 무렵 저에게는 경찰서에서 수업 의뢰가 오게 되었습니다. 경찰서라는 곳에서 춤을 가르친다는 건 단 한 번도 생각해 보지 않았던 일이었기에, 저는 의아한 마음이 들었습니다.

'경찰서'하면 잘못한 것이 없어도 두렵고 무서운 곳이

아니던가요. 범죄자들이 가야 하는 곳 같고, 춤과는 정말 관계가 없을 것 같았습니다. 당황스러웠지만 한편으로는 그들이 어떤 춤을 배우고자 하는지 궁금한 마음도 들었습니다. 그렇게 아이를 맡기고 수업에 나갔습니다.

첫 시간부터 춤을 가르친 건 아니었습니다. 오리엔테이션의 형식이었는데, 댄스스포츠를 배우려는 사람들을 한 자리에 모아두고 취미는 무엇이며, 언제부터 이 수업을 진행할 지에 대해 논의하는 시간을 가졌습니다. 이야기를 마치고 한 달에서 두 달 정도 시간이 흐른 뒤 다시 연락이 왔습니다. 댄스스포츠를 하려는 사람들이 다 모였으니 수업을 진행하면 된다는 것이었습니다.

드디어 경찰서 강당으로 수업을 하러 갔습니다. 저는 경찰서 안에서 수업을 하는 것도 의아했는데, 강당에 있는 서른 명 중에 딱 한 명 빼고 모두 남자라는 것에도 놀랐습니다. 시커먼 남자들이 한눈에 다 보이도록 서 있는 것을 보니 괜히 머릿속에 '조직'이나 '마약'같은 단어가 떠오르며 약간의 긴장감이 들었습니다. 제 수업은 커플이 추는 춤인데 이걸 어떻게 가르쳐 주어야 할까 많은 고민을 했습니다. 여자 파트너는 딱 한 명밖에 할 수 없었기 때문에 파트너를 만드는 일부터 난항이었지요. 이보다 더 당황스러웠던 일은 강단에 올라가서 아래를 보니 맨 뒤에 '깍두기' 같은 사람들이 죽 늘어서 있었던 것입니다. 너무 놀라서 다리가 떨렸습니다. 마치 영화 〈범죄도시〉에 나오는 마동석 같은 사람들이었으니까요.

저는 춤이 정서에 좋다고 하니까 유치장에 있던 사람들에게 정서적 도움을 주려고 경찰들과 함께 배우게 하는 것이라 생각했습니다. 나름대로 추측을 해 본 것입니다. 수업을 하는 내내 무서운 마음에 손을 떨며 겨우 수업을 마쳤습니다. 의구심이 들었지만 처음부터 궁금한 것들을 질문할 수는 없었습니다.

어느 정도 시간이 흐르고 수업도 몇 번 진행되어 저도 한결 편안해졌을 때의 일입니다. 수업이 진행되면서 깍두기 머리를 한 사람들이 오다, 안 오다를 반복했던 것입니다. 더 이상 궁금한 점을 참지 못하겠던 저는 맨 뒷줄에 있던 '깍두기 형님(?)'들은 왜 오지 않냐고 물었습니다. 제 질문을 받은 경찰은 누구를 묻는 거냐고 되물었습니다. 저는 그 조금 무서우신 분들은 왜 오시지 않는 것인지 조심스럽게 다시 설명하며 여쭤보았지요. 제 질문을 받은 경찰분은 웃으시면서 그분들은 범인 잡느라 바빠서 못 온다는 대답을 들려주었습니다. 깍두기 형님들이 아니라 강력반 형사님들이었던 것입니다. 순간 양손으로 떡 벌어지는 입을 가리느라 정신이 없었습니다. 그들은 정말 제가 오해할 만큼이나 강력반 형사인지 범죄자인지 전혀 구분이 되지 않는 외모를 가지고 있었기 때문입니다.

그 때 생각했습니다. 사람의 겉모습만 보고 그 사람을 절대 판단하면 안 되겠다고 말입니다. 저의 짧은 판단으로 인해 수업하는 몇 주 동안이나 형사분들을 범죄자로 착각했으니까요. 어쨌거나 저의 오해와 해프닝은 이렇게 끝났습니다. 지금 생각해도 경찰서에서 댄스스포츠를 가르칠 기회는 흔치 않을 테고, 경찰들과 수업을 하는 것은 더더욱 없을 기회였으니 저에게 특별한 기억입니다.

경찰이라는 직업의 특성상 결석이 많은 것은 어쩔 수 없었습니다. 꾸준히 나오는 사람은 몇 되지 않았습니다. 그러나 누구보다 댄스스포츠에 관심도 많고, 열정도 많았습니다. 학생(?)이 열심히 하니 저도 매주가 기대되고 재미있었고, 수업을 하며 저도 많은 것을 배웠습니다. 그동안 미지의 세계 속에 남겨 두었던 경찰에 대한 인식이 변화되기도 했지요.

삶에서 가장 큰 죄가 가만히 있는 것이라고도 하더군요. 삶이란 어찌되든 직접 살아내야 하는 것이고, 될 수 있으면 다양하게 경험해야 한다는 말이겠지요. 춤이라는 매개체 덕분에 많은 곳을 가보고, 만나보고, 경험해 보았으니 춤은 제게 나침반 같은 존재입니다.

춤 을
가 르 쳐 드 릴 걸
그 랬 습 니 다

외부 강사로 사람들을 가르칠 때에 딸이 엄마를 데리고 온 적이 있었습니다. 엄마의 우울증이 너무 심했는데 병원에서 춤을 배워보라고 권유한 것입니다. 딸이 찾아와 우리 엄마를 잘 부탁한다는 이야기를 했을 때 정말 예쁜 효녀라는 생각을 했는데, 나의 부모님을 데려올 생각까지는 미치지 못했나 봅니다. 요근래 가장 후회되는 것이 바로 저의 부모님에게는 춤을 가르쳐 드리지 못한 것입니다. 다른 사람들, 제 친구의 부모님들까지 제가 다 춤을 가르쳐 놓고 왜 정작 가장 중요한 우리 부모님에게는 가르쳐드릴 생각조차 하지 못했는지, 최근 들어 아빠의 건강이 나빠지시면서 더 자책이 되기도 했습니다. 딸이 소위 체육학 박사인데 내 부모님의 건강을 챙기지 못한 아쉬운 마음이 자꾸만 밀려와 씁쓸함을 감출 길이 없습니다.

아마도 제가 춤을 가르쳐 드리겠다고 제안해도 아빠는 아마 안 배우셨을 거라는 생각이 들기는 합니다. 그러나 엄마는 제가 맨 처음 댄스스포츠를 배우기 시작했을 때부터 춤 좀 배웠으면 좋겠다고, 몇 번이나 먼저 가르쳐달라고 했었습니다. 실제로 그래서 댄스스포츠를 시작했던 초창기에는 엄마에게 춤을 몇 번 가르쳐 드리기도 했습니다. 그러나 가족끼리 무엇인가를 알려준다는 것은 굉장히 많은 인내심과 객관성을 요구하는 일이더군요. 자기 자식은 스스로 못 가르쳐서 결국 학원에 보낸다는 말처럼 엄마를 가르치는 일도 비슷했습니다. 타인을 가르치듯이 친절하고 상냥하게 티칭을 해야 하는데 제 입에서는 끊임없이 잔소리가 나오고 말았습니다. 딸이 언성을 높이고 잔소리를 하자 얼마 가지 못하고 엄마도 스트레스를 받아 배우지 않겠다고 하셨습니다. 그때도 못된 딸은 그래, 엄마도 나가서 레슨비 주고 돈 아까운 줄 알면서 배워야 제대로 배운다, 나한테는 절대 못 배울 것 같다며 서운한 말을 쏟아 부었습니다. 장난 반 진담 반의 이야기였지만 그래도 그때 조금 더 참고 열심히 가르쳐드릴 걸 이라는 생각이 요즘 와서 더 듭니다.

이런 생각이 더 강하게 드는 것은 괌 여행 때 보았던 광경 때문입니다. 몇 년 전, 코로나19가 시작되기 전에 부모님을 모시고 괌 여행을 다녀온 적이 있습니다. 괌에 가면 '차모로 야시장'이라는 곳이 있는데 그곳은 밴드가 나와서 라이브로 연주를 하고, 사람들이 자유롭게 그 음악에 맞추어 춤을 추기도 하더군요. 그 춤은 바로 댄스스포츠였습니다. 그 춤을 추는 대부분의 사람들이 노인들이었습니다.

그때의 기억은 굉장히 신선한 충격으로 다가왔습니다. 우리나라는 노인들이 춤으로 여가 생활을 즐기는 분들이 많지 않기 때문입니다. 게다가 우리나라에서는 사람들이 많이 보는 오픈된 공간에서 자유롭게 춤을 출 수 있는 곳은 찾아보기 힘드니까요. 특히나 노인은 더더욱 많지 않습니다

금발에 배가 나온 한 할머니가 그곳에서 춤을 추고 있는 것이 너무 멋있게 보였습니다. 젊은 사람들 못지않게 아름다웠습니다. 춤을 추는 얼굴의 미소에서 삶의 어떤 연륜이라고 하는 것이 묻어 나오는 것 같았지요. 춤을 추다 보니 신발이 불편했는지 갑자기 신발을 벗고 맨발로 '차차차'를 추기도 하셨습니다. 간혹 그 모습이 여전히 눈앞에 아른거립니다.

그 모습을 구경만 하고 있으니 부모님에게 미리 댄스 스포츠를 가르쳐 드렸다면 여기에서 같이 멋지게 춤을 추며 다른 분들과 더 깊이 교류하며 그 문화를 즐길 수

있었을텐데, 하는 생각이 들더군요. 그러면 부모님에게
얼마나 특별한 여행의 추억이 되었을지 참 아쉽습니다.

이제 노쇠한 부모님께 춤은 가르쳐드릴 수 없게 되었
지만, 젊은 사람들, 또 우리 부모님보다 조금더 젊은 노
인분들을 보면 나는 어김없이 춤을 시작하라 권하고 싶
습니다. 춤추는 사람은 조금 더 건강하게 나이들 수 있
으니까요. 우리 사회에 춤을 추는 이들이 많아지길 바
라봅니다.

춤
춰 보실까요?

　부모님 이야기를 하면서도 이야기했지만, 나는 누구에게나 춤을 배우길 권하고 있습니다. 특히 댄스스포츠는 남녀노소 누구한테나 다 잘 맞는 운동이고 권할만한 종목입니다. 특히나 나이가 들어가는 사람일수록 더 추천하고 싶어 댄스스포츠를 춰보시라는 제안을 자주 합니다. 아마도 제가 나이가 들어가면서 늙는 것이란 무엇인가 더 생각하게 되고, 노인에 대한 관심이 더 많아졌기 때문일지도 모릅니다.

사람은 나이가 들어갈수록 점점 더 세상으로부터 고립되고 소외되는 느낌을 많이 받습니다. 하지만 댄스스포츠는 파트너가 있어야 하는 커플 댄스이고 또 춤을 추는 동안에 좋은 음악을 많이 듣고 즐길 수 있는 운동이니 마음에도 큰 위로가 되는 운동이지요.

정서적으로 우울해졌을 때 온몸을 사용하고 청각까지 사용하는 춤을 추게 되면 우울감이 많이 사라집니다. 약해지고 우울해지기 쉬운 노인이 이런 취미 생활하나 정도 가지고 있다면 노년의 삶이 더 윤택해질 것이라 생각하고 있습니다.

골프를 굉장히 즐기던 교수님께서 이런 말을 하셨습니다. 골프 말고 다른 취미를 찾아야 할 것 같다고 말입니다. 이유인 즉슨 골프는 젊은 나이에는 즐기기 좋지만 나이가 들어 갈수록 한 방향 운동이다 보니 한쪽에 계속 무리가 된다는 것이었습니다. 게다가 골프는 4명이 모여야 하고, 외곽에 있는 골프장으로 운전을 하고 나와야 하기 때문에 거의 하루를 다 써야 하고, 비용도 많이 드는 운동이라 매일 하기가 어렵다고 하셨습니다. 아무리 서울 근교로 움직이더라도 운동이 된다는 느낌보다는 피곤함이 누적되는 느낌을 받게 된다는 것입니다.

그래서 새로 찾는 취미는 집 근처에서 할 수 있는 전신운동이면 좋겠다는 바람이 있다고 하셨습니다. 집 근처에서 할 수 있는 운동이라면 여러 운동이 있겠지만, 그 중에서도 골프처럼 사회적인 운동을 찾고 있다면 단연 댄스스포츠 만한 운동이 없을 것입니다. 게다가 해외에 나가도 어딜가나 댄스를 즐길 수 있는 곳이 있으니 여행을 좋아한다면 더욱 금상첨화가 되는 취미이지요.

멍 때리기를 좋아하는 저는 가끔 상상합니다. 해외 여행을 가서 노을 지는 해변가에서 그 나라의 사람들과 음악에 맞추어 춤을 추는 일, 이것보다 낭만적인 취미는 없을 겁니다. 두려워하지 말고 시작해보세요. 지루하던 일상이 음악과 좋은 사람들로 채워지면 분명히 웃는 일이 늘어날 것입니다.

바람나는 춤
아닌가요?

대학 강의를 시작해 한창 몰입하고 있던 때의 이야기
입니다. 제가 막 댄스스포츠 강의를 시작하려고 하자
어떤 남학생이 이런 질문을 했습니다.

"교수님, 댄스스포츠는 바람나는 춤 아니에요?"
"슬로우, 슬로우, 퀵, 퀵, 이런 춤 아닌가요?"

굉장히 난감하고 당황스러웠습니다. 당시 커플댄스도

많이 대중화된 시기였고, 문화도 많이 개방된 대한민국에서 더구나 종합예술을 하는 젊은 친구의 입에서 나온 질문이라 더 당혹스럽고 놀랐지요.

나름대로 학생들과 영화 '댄서의 순정', '바람의 전설', '댄싱 히어로' 같이 댄스스포츠를 주제로 한 영화들을 많이 보고 대화도 많이 나누었다고 생각했는데 전혀 받아들여지지 않았던 부분이 있었던 겁니다. 학생들에게 왜 그런 생각을 했냐고 물었더니, TV에서 이런 춤을 추면서 바람피우는 모습을 많이 봤다고 말하더군요.

당황한 티를 내지 않고 저는 차분하게 이야기했습니다. '바람은 어떤 종목 때문에 생기는 것이 아니라 그 사람의 마음가짐 때문에 생기는 것이다. 골프 치다가 바람이 날 수도 있고, 배드민턴 치다가 바람이 날 수도 있고, 다른 스포츠를 하다가도 바람이 날 수도 있고 그렇지 않을 수도 있다'라고 말입니다. 사실 이것은 수강하는 학생들이 이 부분을 이해하지 못하면 수업을 진행할 수 없을 만큼 중요한 부분이었습니다.

　오해와 이해는 정말 한 끗 차이입니다. 어떻게 바라보느냐, 시선의 차이지요. 남녀가 손을 잡고 춤을 추는 것을 바람나는 춤이라고 오해할 수도 있습니다. 그러나 조금만 더 알아보면 이 춤에 인생을 걸고 대회에 나가는 선수들이 보이고, 또는 춤을 통해 우울증을 극복하고 제2의 인생을 사는 분들도 보입니다. 색안경을 벗으면 의미를 다르게 이해할 수 있는 것입니다.

　스피노자는 이런 말을 했습니다. "이해하려고 노력하는 행동이 미덕의 첫 단계이자 유일한 기본이다." 이해하려고 노력한다는 것은 내 생각을 내려놓는 것, 잠깐 보류하는 것입니다. 내 생각이 틀릴 수도 있다고 보류하고, 다른 시각을 받아들이는 것은 무척이나 어려운 일이지요. 나는 이런 것들을 춤을 통해 배웠습니다.

순서가
있나요?

외부에서 강의를 할 때의 일입니다. 댄스스포츠는 라틴과 모던이라는 큰 틀로 나뉘고 그 중에서 라틴분야에 속하는 자이브를 가르치고 있을 때였습니다. 수강생 한 분이 저에게 다가와 아주 진지하게 물었습니다. "선생님, 지금 한 것이 몇 번 동작이에요?" 저는 무얼 물어보는지 몰라 다시 되물었습니다. 댄스스포츠는 주로 동작을 가르키는 명칭이 있는데 명칭이 아니라 번호를 물어보기에 조금 난감했습니다. '체인지 오브 핸드 비하인드

백'이라는 명칭을 다시 알려드렸습니다. 그랬더니 다시 번호를 물어보시며 밖에서 배운 것과 번호와 순서가 다르다는 말을 하셔서 저는 당황스러웠지요.

여기서 '밖'은 무도장 혹은 콜라텍을 의미합니다. 그런 곳에서 편의를 위해 번호로 수업을 했던 것 같았습니다. 들어는 봤지만 실제 그 곳에 다녀온 회원님을 문화센터에서 만나게 되다니 어떤 방법으로 춤을 가르치는지 알 것 같았습니다.

댄스스포츠는 경기용 댄스이며 국제적 규정에 맞게 추는 춤입니다. 사실 그 누구도 이것에 번호를 매겨 놓지 않았고, 번호 순서대로 규정화 시켜놓은 적이 없습니다. 무도장에서는 여러 사람들과 춤을 추다보니 서로의 편의를 위해 순서화 시킨 것일 뿐입니다. 그래서 때로는 가르치는 입장에서 이렇게 당황스러운 일이 생기곤 합니다. 이런 분들이 댄스스포츠를 배우러 와서 다른 분들까지 헷갈리게 만들거나 분위기를 흐리는 경우도 많지요.

인터내셔널 댄스인 댄스스포츠에는 순서가 존재할 수 없는 춤입니다. 남자가 리드하며 여자는 팔로우하고 남자가 이끄는 대로 호흡을 맞추며 춤을 추는 것이 댄스스포츠이니까요. 예를 들어 외국인과 춤을 추거나 크루즈를 타고 여행을 가면 모두가 같은 순서로 춤을 추지 않습니다. 미국 사람과도 춤을 추고, 프랑스 사람과도 춤을 추게 될 텐데 그들이 우리나라가 정한 순서를 알리는 만무합니다. 배우는 분들은 순서를 모르는데 어떻게 추느냐고 하시지만 원래가 남자가 리드하는 대로 눈치껏 따라가는 춤인 것입니다. 음악에 맞춰 즉흥적으로 추는 춤이기에 더 매력적인 것이지요.

그렇게 자유자재로 출 수 있으려면 3가지 단계를 거쳐야 합니다. 먼저 각 동작이 내 몸에 익숙해 질 때까지 기본에 충실해야 합니다. 춤에서 '베이직'이라고 하는 것이지요. 그 다음 두 번째가 외워서 추기 단계, 수업에서 춤의 순서를 정하고 이를 기억하고 연습하는 단계입니다. 춤을 익히려고 잠시 외우게 한 것인데 이 단계를 연습하며 춤의 순서가 정해져 있는 것으로 착각을 하시는 것이지요. 외워서 추기 그 다음 세 번째 단계가 바로 '응용해서 추기'입니다. 이때서야 비로소 춤이 자유로워지고 순서도 바꿀 수 있으며 나만의 춤을, 나만의 선을 구사하게 되는 것입니다. 이 단계가 되면 구구단 게임을 하듯이 춤도 즉흥적으로 자연스럽게 나오게 됩니다.

취미에서는 주로 2단계에서 멈추는 경우도 많지만 저는 3단계를 춤의 최종 목표로 하고 가르쳤습니다. 정해진 순서로만 춤을 추면 배우기도, 가르치기도 편할지 모르겠습니다. 그러나 제 수업에서는 국제적으로 규정화되어 있지 않은 순서를 전부인 것처럼 가르치고 싶지 않았습니다. 공장에서 찍어내듯 춤을 추게 만든다면 그것이 과연 진정한 춤일까? 하는 생각에서 더 그랬습니다. 춤이란 무언의 커뮤니케이션이며 느낌과 표현을 지닌 예술이니까요. 모두가 똑같은 말, 똑같은 느낌을 정해진대로 표현한다면 그것은 춤이 아니라 체조겠지요.

피카소가 추상화를 그리기 전 정교한 초상화와 정밀화부터 그렸다는 것은 유명한 사실입니다. 그만큼 진정한 예술을 하기 위해서는 탄탄한 기본기가 중요하다는 이야기입니다. 춤도 진도를 나가느라 기본 동작이 안 되는 사람에게 더 어려운 동작을 가르칠 수는 없습니다. 그럴 때는 다시 기본기로 돌아가서 기본 동작을 반복해서 연습하도록 가르칩니다. 그것이 뒤로 가는 것 같아도 사실 앞으로 나아가는 방법이니까요. 내 삶이 약해지고 때로 익숙한 패턴들로 인해 매너리즘에 빠질 때마다 저 스스로도 이렇게 되내입니다. '아니야, 기본으로 돌아가자, 다시 기본으로 돌아가자…'

기본기, 익히기, 응용하기의 3단계. 내 삶을 예술이라고 부를 수 있기 위해 내 삶의 기본기를 다시 생각해봅니다.

본질은
자랑이 아니라
자유에 있습니다

대한민국 사람들은 왜 춤을 배울까? 이런 궁금증이 생길 때가 간혹 있습니다. 차분히 생각해보면 우리나라 사람들은 춤을 배워서 자랑하고 싶은 마음이 큰 듯 합니다. 누구나 그렇듯 내가 이만큼 알고 있고, 이만큼 할 수 있다는 것을 보여주고 자랑하고 싶은 것은 인간의 본성이겠지요. 대부분의 사람들이 그렇지만 특히 춤을 배우는 사람일수록 그것이 더 두드러지게 나타난다는 생각을 합니다. 아마 지식과 달리 춤은 눈으로 보여지는 것이라서 그럴 것입니다.

20년도 넘은 이야기지만 미군 부대에 초대를 받은 적
이 있었습니다. 저 뿐만 아니라 제가 가르치는 회원들까
지 모두 초대를 받아 미군들 사이에서 춤을 추는 미국
식 파티였습니다. 그 당시에는 춤을 추는 것, 춤을 가르
치는 것 모두 대중화가 되어 있지 않았고, 특히나 파티
문화가 전혀 들어오지 않았을 때였습니다. 그래서 다들
굉장히 어려워하고 막막해 했습니다. 그러나 저와 회원
분들은 그간 괜한 걱정을 했다는 것을 파티장에 들어가
자마자 알게 되었습니다. 모두가 갖추어진 형식 없이 서
로에게 조금씩 맞추며 즐겁게 파티를 즐기고 있는 문화
를 보았기 때문입니다.

그 날의 파티는 굉장히 질서정연하면서도 자유로웠습
니다. 플로워에 굉장히 사람이 많았는데도 남자들은 주
어진 공간에서 벗어나지 않고, 그 안에서만 춤을 추면
서 멋있게 여자를 리드해주었습니다. 큰 플로워 전체를

사용한다고 생각하지 않고 자기에게 주어진 공간 안에서 할 수 있는 동작들로 편안하게 춤을 추도록 배려해 주었습니다. 음악을 느끼고, 파트너와의 호흡과 질서를 지키고, 몸을 움직이며 즐기는 모습이었습니다. 제가 그 자리에서 느낀 것은 그 사람들은 춤을 자랑하려고 추는 게 아니고 정말 즐기려고 춘다는 것이었습니다. 내면에서 감정을 담은 춤 동작이 나오는 것을 보게 된 것입니다.

반면에 우리는 외면과 겉으로만 뽐내고 주목받기 위해 추는 경우가 많았다는 생각도 들었지요. 당연히 문화의 차이도 있겠지만 내가 춤을 가르치는 지도자로서 배우는 바가 많았습니다. 이제 겉으로 받아들여지는 화려함보다 그들의 내면에 감춰진 배려, 춤을 추면서 사용하는 매너 등 우리가 지켜야 될 것들에 조금 더 가치를 두고 추어야겠다고 생각한 날이었습니다.

저는 언제나 자랑하고 보여주기 위해 춤을 추는 것이

아니라 자연스럽게 즐기기 위해 춤을 추기 위해 노력합니다. 많이 안다고 어려운 동작을 혼자 끌고 가는 춤보다, 아주 쉬운 동작이라도 파트너와 눈을 맞추고 호흡하며 편안하게 추는 춤이 훨씬 아름답게 보이기 때문입니다.

억지로 많은 것을 자랑하지 않아도 됩니다. 춤을 출때는 조금 편안하게 자신을 내려 놓아도 괜찮습니다. 춤은 자유롭게 즐기는 것이고, 애써 뽐내지 않는 것입니다. 춤의 본질은 자랑이 아니라 '자유'에 있습니다.

춤 잘 추는
할머니가
되고 싶습니다

저는 운이 좋게 일본으로 연수를 두 번이나 다녀왔습니다. '라운드 댄스'라는 것을 배우러 다녀왔는데 첫 해에는 아는 여자 교수님과 함께 가고, 두 번째 해에는 그 교수님이 일이 생겨서 저 혼자 다녀왔습니다. 첫 해는 하네다, 두 번째 해는 도쿄로 연수를 다녀오게 되었습니다.

저는 연수하는 워크샵 장과 가까운 곳에 호텔을 잡았

습니다. 연수가 끝난 뒤로 3일 정도 일정을 비워 여행을
하고 돌아갈 예정이었습니다. 도쿄와 가까운 곳을 여행
하고 싶었습니다. 여행도 하고, 진짜 일본식 허름한 술
집에서 술을 마셔보고 싶기도 했습니다.

일본 여행을 많이 갔던 친구가 주로 길을 알려주었고,
현재 센다이 대학의 교수로 재직 중인 후배가 전철 노선
과 도로를 너무 자세하게 설명해주어서 소통의 어려움
을 빼면 나름 편하게 다닐 수 있었습니다. 신주꾸 거리
에서 몇 바퀴를 돌다가 찾은 술집이 있었습니다. 그 곳
에서 맥주를 한 잔 하고 싶은데 사람이 너무 많은 겁니
다. 한국처럼 혼술을 할 수 있는 것도 아니라 주변을 두
리번거리고 있었습니다. 그리고는 다시 안을 봤는데 한
국과는 달리 혼술하는 사람들이 꽤 많은 것이 제 시야
에 들어왔고, 저는 바로 용기를 내서 술집으로 들어갔
습니다.

맥주를 한 잔하고 잠시 시간을 보내다가 일본에도 우

리나라처럼 댄스스포츠를 추는 곳이 있다는 말이 생각
나 그 곳을 어렵게 찾아갔습니다. 그곳에서 사람들이
자유롭게 추는 춤들을 보니까 왜 사람들이 댄스스포
츠를 국제 댄스라고 하는지 더 명확하게 알겠더군요. 그
곳에 계시던 한 선생님은 저의 기류를 의식하셨는지 저
에게 춤을 출 수 있냐고 물어보셨습니다. 저는 얼떨결에
선생님과 자이브를 추게 되었습니다. 선생님은 매우 능
숙하게 춤을 리드 해주셨습니다.

춤을 추고 난 뒤 선생님은 저에게 댄스 선생이냐고 물
었습니다. 정말 깜짝 놀랐지요. 춤을 추고나서 그렇게
물으시니 왠지 부끄럽게 느껴져서 아니라고 몇 번을 잡
아뗐습니다. 그런데 그 선생님께서 저에게 너무 춤을 잘
추고 선이 깨끗하다고 말씀해주시니 왠지 어깨가 으쓱
했습니다. 라틴 종목인 자이브를 추고 난 뒤에 선생님은
제게 왈츠도 할 줄 아냐고 물었습니다. 저는 웃음으로
대답했고 선생님과 또 다시 왈츠를 추게 되었습니다. 그
후에도 선생님은 저에게 한국에서 무슨 일을 하느냐, 댄

스를 가르치는 것이 아니냐 계속 물어보셨습니다. 춤을 배웠느냐 라고 묻지 않고 춤을 가르치냐 라고 물으니 아무래도 선생은 어딜 가나 선생으로 보이나 봅니다.

사실 뿌듯했습니다. 상대방에게 아무 이야기도 하지 않았는데 제가 운동이나 몸으로 취하는 액션을 보였을 때 누군가 바로 알아 차려 주는 것은 인정 받는 것 같아서 기분이 좋은 일이니까요. 평생 춤을 추고 가르쳤는데 그것이 겉모습에서 드러나지 않는다면 그것은 어딘가 폼이 죽었다는 것이니 서운한 일이겠지요.

아무튼 저는 이렇게 가끔 외국에서 추는 춤이 참 좋습니다. 또 내가 춤을 잘 추는 선생인 것이 좋습니다. 아마 지난 꼭에서 보았던 금발머리 할머니처럼 저도 춤추는 할머니로 늙어가겠지요. 그러고 싶습니다.

아마 지난 꿈에서 보았던 금발머리 할머니처럼
저도 춤추는 할머니로 늙어가겠지요.

그러고 싶습니다.

아직도
하고 싶은 게
많아

　얼마 전 친한 언니와 이건희 컬렉션을 보기 위해 줄을 서서 기다리면서 여러 가지 이야기를 나누었습니다. 그 중 제가 이야기했던 하나는 나이가 들수록 하고 싶은 일이 너무 많아진다는 하소연이었습니다.

　이제 나이가 점점 들며 쇠퇴하고 노화되는 과정에 있는데 하고 싶은 일들이 너무 많아지니까 이게 맞는 건가 하는 생각이 들었으니까요. 나이를 먹어서도 아직도 청

춘인 양 여기저기 나대고 다닌다면 별로 아름다울 것 같
지는 않았기 때문입니다.

저는 길 가다가 다른 사람들이 봤을 때 '참, 곱게 늙었
다'라고 말할 수 있을 만큼 예쁘고 아름답게 늙고 싶습
니다. 외적으로 풍겨지는 그런 이미지가 아니라 사람과
이야기를 나누면 '이 사람, 참 내면이 풍부하다' 라고 말
할 수 있는 사람 말입니다. 품위있고 따뜻한 고운 할머
니로 내면이 아름다운 노인이 되고 싶은데, 자꾸 꿈이
많아지니 난감해진다 하는 고민을 토로한 것입니다.

언니는 제 이야기를 듣더니 하고 싶은 것이 많다는 건
좋은 것이라고 말해주더군요. 아직 마음의 나이가 젊은
것이라고 말입니다. 하고 싶은 것이 많다는 건 아직 살
아있다는 증거고 열정이 있다는 증거라 말했습니다. 그
러고 보니 사실, 사람이 살아가면서 하고 싶은 게 없는
것처럼 비참하고 답답한 것이 어디 있을까요. 먹고 싶은
것도 없고, 가고 싶은 곳도 없고, 하고 싶은 것도 없고

만나고 싶은 사람도 없다면, 그것은 이미 죽은 거나 마찬가지일 것입니다. 내가 만약에 그런 상태라면? 생각만 해도 삶이 두렵고 힘이 빠지는군요.

그런데 하필 왜, 젊을 때보다도 이 시기에 하고 싶은 일이 많아졌는지 다시 곰곰이 생각해 보았습니다. 아마도 젊었을 때도 하고 싶은 게 많았지만 모두가 바라보는 목표를 향해 먼저 달려야 했기에 그러지 않았을까 생각해봅니다. 대학교를 입학하고, 졸업하고, 정신없이 취업하고, 이직 준비하고, 그 사이에 연애하고, 결혼 준비하고, 그 이후에는 아이를 출산해야 하는 순서가 제 앞에서 마치 당연하다는 듯이 기다리고 있었으니 말입니다. 그렇게 저는 해야하는 일에 초점을 두고 주구장창 달려온 인생이었습니다. 하필이면 성향도 목표지향적인 사람이라 뒤도 옆도 돌아보지 않고 눈앞의 목표를 향해 열심히 달리며 살아왔습니다. 나의 일을 하면서 아이 둘을 키우느라 제대로 쉬는 시간도 정말 없이 달려왔지요.

그러다 아이들이 커서 대학에 입학하게 되었고, 육아의 시간이 확 줄어들다 보니 마음의 여유가 생기고 조금 더 '진짜 내가 하고 싶었던 일이 무엇일까' 라고 다시 고민하게 된 것입니다. 시간의 틈이 생기니 그 사이를 숨겨두었던 꿈이 비집고 들어온 것 같습니다. 체력이 줄어드는 것과 반대로, 나는 이 50이라는 나이에 꿈이 자꾸 생기고 있습니다.

50대가 되면 자연스럽게 인생의 전환점, 터닝 포인트가 생긴다는 말을 어디선가 들은 적이 있습니다. 그것이 취미 생활의 변화든 직업의 변화이든 인생의 터닝 포인트에서 나이 탓하며 도전하지 않으면 앞으로 그 무엇도 도전할 수 없을 것 같습니다. 어쨌든 저는 여전히 하고 싶은 것이 많습니다. 글도 쓰고 싶고, 바느질도 배워보고 싶습니다. 미뤄고 감춰 놓았던 버킷리스트들을 하나씩 하나씩 실천하다 보면 어느새 저도 모르게 인생의 전환점에서 다른 페이지로 넘어가 있으리라 생각하고 있습니다.

하고 싶은 일이 많다는 건 그가 아직 잘 살아있다는 것을 증명해주는 증표입니다. 그리고 나이 50이 되고서 더 좋은 점은 '배짱'이 생겼다는 것이지요. 그것이 이뤄지면 어떻고, 또 실패하면 어떻냐 하는 배짱 말입니다. 해봤다는 것에 의의를 두고, 아직도 하고 싶은 일이 있다는 것에 큰 의의를 두게 되니까요. 그래도 아마도 내가 남은 꿈들을 이루리라고 믿습니다. 이런 희망 하나 안고 살아야, 나이가 들어도 살맛 나게 인생을 즐길 수 있으니까요.

인생은,
블루스처럼

인생은 블루스처럼

1판1쇄	2022년 9월 14일
지은이	권순정
발행인	송서림
내지디자인	백예은
표지디자인	김철수
발행처	메리포핀스북스
주소	경기도 김포시 김포한강4로 211-25, 1층
등록	2018년 5월 9일
홈페이지	http://marypoppinsbooks.com/
ISBN	979-11-964273-4-4